The Meaning of Flowers

美しい花言葉*花図鑑

彩りと物語を楽しむ

二宮孝嗣 著

ナツメ社

はじめに

　人はいつから花に名前や花言葉をつけてその花に想いを寄せるようになったのでしょう？

　もしかするとそれは遠い昔、人と神がまだ一緒に暮らしていたころからだったのかもしれません。多くの花は神話や伝説の中に登場し、それが名前や花言葉の由来となりました。ヨーロッパはもちろん、世界中で、花の姿や秘められた物語に、言葉では伝えきれない想いを重ね合わせて花を贈り合う風習が育まれていったのは、花には、人の想像をはるかに超えた神秘的な力

が存在していることをだれもが信じてきたからです。

　この本は、そんな花の名前と花言葉をご紹介しながら、秘められた物語や特徴をつづった一冊です。一輪の花を手にしたとき、物を語らない花に代わって、花言葉や物語を思い浮かべて花と友達になってください。花と仲よく過ごす時間が、豊かでかけがえのない幸せを呼び込みます。

　　　　　　　　Happy Life with Flower & Smile !

Contents

はじめに ……… 2

春の花 ……… 7

夏の花 ……… 91

秋の花 ……… 189

冬の花 ……… 217

目的別逆引き索引 ……… 246

花名索引 ……… 250

カバー&本文デザイン ＊ 大悟法淳一、大山真葵、境田明子（ごぼうデザイン事務所）
植物写真 ＊ 大作晃一　田邊美樹
フラワーアレンジメント ＊ 青江健一（ジャルダン ノスタルジック）
撮影（コラム） ＊ 内田祐介
校正 ＊ みね工房
編集協力 ＊ 童夢
編集担当 ＊ 遠藤やよい（ナツメ出版企画）

Column
季節の花あしらい

Spring 春
スズランとクリスマスローズ、ナズナの春を呼ぶブーケ ……… 86
　Lesson 1　ブーケに合う花器を選ぶ ……… 88
　Lesson 2　ブーケをいただいたら ……… 89
　Lesson 3　ブーケを長く楽しむ ……… 89
　Lesson 4　水の入れ替え ……… 90

Summer 夏
ヒマワリとダリア、ローズゼラニウムリーフの夏の香りアレンジメント ……… 184
　Lesson 1　花の選び方 ……… 186
　Lesson 2　花材の役割 ……… 187
　Lesson 3　ラッピングの色で変わるイメージ ……… 188

Autumn 秋
秋色アジサイでシャビーシックな大人のリース ……… 214
　Lesson 1　秋色アジサイを枝ごとドライに ……… 216
　Lesson 2　ドライ秋色アジサイでアレンジメント ……… 216

Winter 冬
北風に負けないガーデンシクラメンの元気コサージュ ……… 242
色とりどりパンジーの気ままなグラスアレンジメント ……… 244

本書の使い方

本書は大きく、春の花（2〜4月に主に開花、または結実）、夏の花（5〜7月に主に開花、または結実）、秋の花（8〜10月に主に開花、または結実）、冬の花（11〜翌1月に主に開花、または結実。温室栽培、輸入物など通年出回っているもの）に分けて掲載しています。開花時期については、関東周辺の平野部を基準にしていますが、花の品種や生育環境によっても異なりますので、ご了承ください。

英名
英語での呼び名です。複数名あるものは任意で一つを掲載しています。

花名
和名、または一般名を、四季に分けてカタカナで五十音順に記しています。（ ）内は、漢字表記です。

花言葉
この花の花言葉です。

本文
花名や花言葉の由来、花の特徴などを紹介しています。

科・属名
代表的な種を選んで記載しています。

別名
花名に表記した以外に日本で呼ばれている別の花名です。

香り
あくまでも目安です。花の香りとして判別できないものは無香と表記しています。品種によって異なる場合もあります。

開花時期
関東周辺の平野部を基準にしていますが、あくまでも目安としての表示になります。

春の花

Mountain pepper

茎は和菓子に添えられるようにに
アオモジ（青文字）

＊花言葉＊
友人が多い

枝いっぱいの黄色い小花がやわらかな春の日差しの中で誇らしげに咲く様は、まさに春の始まりを告げているかのようです。名前は同じクスノキ科のクロモジに対して枝が緑色であることからつけられました。どちらも枝を切るとよい香りがして、噛むとちょっと苦みがあり、高級つまようじとして利用されます。花言葉は、一つの枝にたくさんの花が鈴なりにつくことからつきました。

DATA
分類：クスノキ科ハマビワ属
原産地：四国、九州から沖縄
別名：ショウガノキ（生姜木）
開花時期：3〜4月　花色：黄
香り：さわやかな香り

Chocolate vine

人との関わりが深い山のつる植物
アケビ（木通）

＊花言葉＊
才能　唯一の恋

葉が5枚のもの（アケビ）と3枚のもの（三つ葉アケビ）があり、三つ葉アケビのほうが少し大柄です。花言葉の一つ「才能」は、新芽は山菜に、茎は漢方薬に、実は食用に、種は油にとマルチに役立つことから。もう一つの「唯一の恋」は、自分の花粉では受精しない性質（自家不和合性）があることからきました。

DATA
分類：アケビ科アケビ属　原産地：日本、朝鮮半島、中国
別名：アケビカズラ（木通蔓）　開花時期：4〜5月
花色：紫　香り：甘い香り

Thistle

鋭いトゲで身を護る凛々しい花

アザミ（薊）

＊花言葉＊

独立　安心　厳格　高潔

アザミという花はなく、ノアザミを一般にアザミと呼んでいます。「独立」「安心」の花言葉は、1263年に、ノルウェー軍がスコットランドの城に侵攻したときに、壕に生えていたアザミの葉の鋭いトゲがノルウェー兵士の侵入を防いだという逸話からきています。スコットランドが国花をアザミにしたのも、この話が由来です。また、ギリシャ神話では、厳格で高潔な羊飼いに恋した女神アフロディテが、意のままにならない羊飼いに腹を立て、彼を盲目にしてしまいます。絶望した羊飼いが河に身を投げ、その河原に咲いた花がアザミといわれており、花言葉の「厳格」「高潔」はそこからきました。

DATA
分類：キク科アザミ属　原産地：北半球
別名：マユハキ（眉刷）　開花時期：4〜11月
花色：白、ピンク、紅色など
香り：「香りアザミ」という品種は葉に香りがある

Azalea

乾燥に強く、色鮮やか
アザレア

＊花言葉＊

赤／節制
白／あなたに愛されて幸せ
ピンク／青春の喜び

タイワンツツジをもとに日本のサツキやケラマツツジなどを交配したもので、ベルギーでつくられ日本に逆輸入されました。ツツジの中では大きくて鮮やかで豪華な花です。アザレアという花名はギリシャ語のアザロス（乾燥）が由来で、「節制」は、やせた土でもよく育つことからきています。また、白花の花言葉は可憐な花嫁のイメージと重なることからきたといわれています。

DATA
分類：ツツジ科ツツジ属　原産地：ベルギー
別名：セイヨウツツジ、オランダツツジ
開花時期：4〜5月　花色：赤、白、ピンクなど
香り：ほのかな甘い香り

Japanese andromeda

鈴なりになってひたむきに咲く
アセビ（馬酔木）

＊花言葉＊

清純な心　献身　犠牲

花言葉は、ギリシャ神話に登場するアンドロメダを表しています。美しさゆえに神の怒りをかい、国を守るために鯨の生け贄となったアンドロメダが、通りかかったペルセウスに助けられ、彼の妻になるという物語です。まだ寒い早春に、小さな花が鈴なりになってひたむきに咲いている姿が彼女と重なります。また、馬酔木という字は、枝葉が有毒で、食べると馬が酔ったようになることに由来しています。

DATA
分類：ツツジ科アセビ属　原産地：日本
別名：アシビ（馬酔木）　開花時期：2〜4月
花色：白、ピンク、赤　香り：強い香り

Anemone

明るい日差しに映える鮮やかな花
アネモネ

＊花言葉＊

赤／君を愛する
白／希望　期待
青紫／あなたを待っています

花名は、春の風が吹き始めるころに咲くので、ギリシャ語で「風」という意味です。春を待って咲き始めることから、希望や期待の意味が込められた花言葉が生まれました。昼に咲き夕方に閉じるので、ヨーロッパでは美のはかなさと、復活を意味する花ともされています。秋植え球根で、地中海原産なので日本の夏は苦手です。

DATA
分類：キンポウゲ科イチリンソウ属
原産地：南ヨーロッパ、地中海沿岸
別名：ボタンイチゲ（牡丹一華）、
　　　ハナイチゲ（花一華）、
　　　ベニバナオキナグサ（紅花翁草）
開花時期：3〜5月
花色：赤、白、青紫など　香り：無香

春

Solomon's seal

風に揺れる花姿が愛らしい
アマドコロ（甘野老）

＊花言葉＊

元気を出して
人の痛みのわかる人
小さな思い出

笹に似たさわやかな葉を持ち、小さな白い筒状の花を2〜3個ずつぶらさげるように咲かせます。春風に花が揺れる姿はとても愛らしく、見ているだけで心が洗われます。花言葉の「人の痛みがわかる人」は、人が感じないようなわずかな風も感じて揺れることからつけられました。春の新芽は山菜として食べることができます。

DATA
分類：キジカクシ科（ユリ科）アマドコロ属
原産地：日本、朝鮮半島、中国　別名：イズイ
開花時期：4〜5月
花色：白　香り：甘い香り

Amaryllis

おしゃべりな少女に似た大輪花
アマリリス

＊花言葉＊

誇り　輝くばかりの美しさ
おしゃべり　虚栄心

花名は、古代ローマの詩人ウェルギリウスの「牧歌」に登場する美しい羊飼いの少女の名前に由来しています。大きな花を横に向かせて誇らしげに咲く様は、花言葉にもあるようにまさに楽しいおしゃべりが大好きな少女のようです。近年では、上向きに咲くものや、八重咲きになるもの、秋から冬に咲くものなども出回っています。

DATA
分類：ヒガンバナ科ヒッペアストルム属
原産地：中南米　別名：ナイトスターリリー
開花時期：4〜7月　花色：赤、ピンク、白、紫、緑　香り：甘い香り

White garlic

春

星形の清楚な小花
アリウム・コワニー

花言葉

正しい主張　限りない哀愁
不屈の心

星形の白い花を放射状にいくつも咲かせる球根植物で、乾燥した草原などに自生し、ニラのような細い葉をまっすぐに上に向かって伸ばします。「清く正しく」という言葉がぴったりの花のイメージから「正しい主張」「不屈の心」といった花言葉が生まれました。「限りない哀愁」は、一本の茎の先に憂いを帯びた白い花を無数に咲かせることからきたようです。アリウムはラテン語で「ニンニク」の意味で、アリウム・コワニーも茎などに傷をつけると、ネギやニンニクの仲間独特の香りが漂います。

DATA
分類：ユリ科アリウム属　原産地：地中海沿岸
別名：アリウム・ネアポリタヌム
開花時期：4〜6月　花色：白
香り：茎はネギのような香り

Lily of the Incas

個性豊かな花色が自慢
アルストロメリア

＊花言葉＊

持続　未来への憧れ　凛々しさ

原産地がアンデス山脈の寒冷地なので、日本では、夏の涼しい信州などで栽培されています。初夏から次々に花を咲かせる凛々しいイメージと、花持ちのよさから、花言葉が誕生しました。英名の"Lily of the Incas"（インカの百合）、別名の「百合水仙(ゆりずいせん)」は、ともに花姿がユリに似ていることからつけられたものです。

DATA

分類：ユリズイセン科アルストロメリア属
原産地：南アメリカ・アンデス山地
別名：ユリズイセン（百合水仙）
開花時期：3〜6月
花色：赤、黄、ピンク、オレンジ、複色など
香リ：無香

African corn lily

細い茎と星に似た花がスマート
イキシア

＊花言葉＊
誇り高い　君を離さない

DATA
分類：アヤメ科イキシア属
原産地：南アフリカ（ケープタウン付近）
別名：ヤリズイセン（槍水仙）
開花時期：4～6月　花色：白、ピンク、青紫、黄　香り：品種によって強弱あり

茎や葉を傷つけるとネバネバした液が出ることから、古いギリシャ語で「鳥もち」（モチノキの樹皮からとれる粘着物）を意味するイキシアと呼ばれるようになりました。南アフリカ原産で、特にケープタウン近くに自生しており、剣のような細い葉と、スラリと伸びた花茎のイメージから、ヤリズイセンの別名もあります。花言葉の「誇り高い」は、そんな花の姿からイメージしたもので、「君を離さない」は、ネバネバした液に由来しているようです。

Japaneses anemone

ひっそりと咲く春の妖精
イチリンソウ

＊花言葉＊
追憶

青い空を見上げるように咲く純白の花は、直径が3～4cmほどですが、見る者をハッとさせるような存在感があります。一つの株に二輪の花を咲かせる「ニリンソウ」に対し、一輪だけ咲くことからこの花名がつけられました。花言葉は、山の中にひっそりと咲いて一瞬の命を輝かせたあと、花も葉も枯れて消え、翌年になると思い出したかのように咲くことからつきました。

DATA
分類：キンポウゲ科イチリンソウ属
原産地：日本　別名：イチゲソウ（市毛草）
開花時期：4～5月　花色：白
香り：無香

Candytuft　　　*Star of Bethlehem*

かわいいお菓子のような姿
イベリス

花言葉

初恋の思い出　無頓着

こんもりと丸い球状に咲く小花が砂糖菓子のように見えることから、"Candytuft"（お菓子の花）というかわいらしい英名がついています。見るからに甘い印象が初恋のイメージと重なり花言葉になりました。太陽に向かって咲く性質で、茎が強く曲がりやすいことから「曲がり花」という別名もあります。

▶ DATA
分類：アブラナ科イベリス属
原産地：地中海沿岸（イベリア半島）
別名：キャンディータフト、マガリバナ（曲がり花）、トキワナズナ（常盤薺）　開花時期：4～6月
花色：白、ピンク、赤、紫　香り：甘い香り

花になった純白の星
オーニソガラム

花言葉

純粋　無垢　才能　純白

基本的に植えっぱなしでも育つ丈夫な球根植物で、切り花にしても花持ちがよく、花嫁のブーケにも人気の花材です。花言葉は白い花の凛としたたたずまいからきました。また、英名の"Star of Bethlehem"（ベツレヘムの星）は、キリスト誕生時に、東方の三賢者を導いた星が野に飛び散って、この花になったという伝説によるものです。

▶ DATA
分類：ユリ科（キジカクシ科）
オーニソガラム（オオアマナ）属
原産地：ヨーロッパ、アフリカ、西アジア
別名：オオアマナ（大甘菜）　開花時期：3～5月
花色：白、黄、オレンジ　香り：品種により強弱あり

山間にたたずむ翁のような花

オキナグサ（翁草）

花言葉

裏切りの恋　なにも求めない　清純な心

日本のオキナグサはえび茶色で、里山から亜高山に生えていますが、ヨーロッパの品種は、紫、赤、白とカラフルです。花弁はなく、本来は花のつけ根にある萼片（がくへん）が花弁のようになり、その外側はやわらかい白毛におおわれています。花名は、花後に、中の雄しべが、翁の白髪のような白い毛状になることからつきました。花言葉の「裏切りの恋」「なにも求めない」は、美しい花なのに、あとで老人のような姿になってしまうことからの連想です。

DATA

分類：キンポウゲ科オキナグサ属
原産地：日本（本州、四国、九州）、朝鮮半島、中国、ヨーロッパ
別名：ネツコグサ（根都古具佐）
開花時期：4〜5月
花色：えび茶、白、紫、赤
香り：無香

Nodding anemone

日本の三大切り花の一つ
カーネーション

＊花言葉＊

赤／愛　感動
濃い赤／私の心に哀しみを　欲望
ピンク／感謝の心　温かな愛情
オレンジ／情熱　清らかな愛
白／純粋な愛
黄／軽蔑

Carnation 春

母の日にカーネーションを贈るようになったのは、20世紀初めに、アメリカの南北戦争で献身的な活動をした母親を偲び、その娘が、白いカーネーションを教会に捧げたのが始まりといわれています。花言葉は全体的に愛情あふれる言葉が多く、赤やピンクは親愛の情を込めたイメージ、オレンジは恋人に対する愛のイメージが強いようです。白は特別な意味を持ち、黄や濃い赤などはネガティブなイメージになるので、気をつけましょう。

DATA
分類：ナデシコ科ナデシコ属
原産地：南ヨーロッパ、西アジア
別名：オランダセキチク　開花時期：2〜5月
花色：赤、白、黄、ピンク、オレンジ、複色など
香り：芳香あり

※日本の三大切り花＝キク、カーネーション、バラ

Transvaal daisy

気どらない花姿に元気をもらう
ガーベラ

花言葉

希望 前向き 美しさ
赤／神秘の愛 限りなき挑戦
ピンク／崇高な愛 思いやり
オレンジ／忍耐強さ 冒険心
黄／究極の愛 やさしさ

本来は真っ赤な色の花が基本でしたが、ヨーロッパで品種改良されて、いろいろな明るい花色のガーベラが誕生しました。細長い花弁がきれいに丸く開いた花姿に、気どらない美しさや陽気な雰囲気を重ね合わせて、花言葉も希望にあふれる言葉が多くつけられています。ガーベラという名前は、発見者であるドイツの植物学者ゲルバーに敬意を表してつけられました。

DATA
分類：キク科ガーベラ属
原産地：南アフリカ
別名：オオセンボンヤリ（大千本槍）、ハナグルマ（花車）、アフリカセンボンヤリ
開花時期：4～10月
花色：赤、ピンク、オレンジ、黄、白
香り：無香

春

Baby's breath

英名は「赤ちゃんの吐息」
カスミソウ

＊花言葉＊

白/純潔　清らかな心　親切
ピンク/感激　切なる思い

まっ白な花が霞のように咲くことから名づけられました。自己主張をせず、まわりの花を引き立てる奥ゆかしさがあり、ブーケやアレンジメントの名脇役として親しまれています。そんな花の特徴から花言葉もつけられました。英名は"Baby's breath"（赤ちゃんの吐息）。純心で混じり気のないイメージは世界共通のようで、出産祝いやウエディングブーケにも最適な花といえます。

DATA

分類：ナデシコ科カスミソウ属
原産地：コーカサス、イラン北部
別名：ムレナデシコ（群撫子）
開花時期：4〜7月　花色：白、ピンク
香り：無香

Dog tooth violet

一瞬の春を謳歌
カタクリ（片栗）

＊花言葉＊
初恋 寂しさに耐え抜く 嫉妬

「春の妖精」と呼ばれるスプリング・エフェメラル（Spring Ephemeral）の代表的な花です。雪の多い北斜面に群落をつくり、雪解けを待っていっせいに咲く風景は実に見事ですが、花は一日、葉も2カ月足らずで枯れて消え、翌春まで長い休眠に入ります。花言葉は、人気のない地にひっそりと咲く姿が、うまく気持ちを伝えられない初恋の切なさを連想させることからつきました。

DATA
分類：ユリ科カタクリ属
原産地：日本を含む北東アジア
別名：カタカゴ（堅香子）
開花時期：3〜5月　花色：赤紫
香り：無香

強い香りで人を癒す
カモミール

＊花言葉＊
清楚 逆境に耐える あなたを癒す

世界で一番古いハーブといわれ、エジプトでは神様や太陽に捧げる植物として使われました。「清楚」の花言葉は、そんな神聖な花としてのイメージからきたものです。また、芝生として使われるほど根がしっかりしており、強い生命力があることから「逆境に耐える」、リンゴに似た香りに癒し効果があることから「あなたを癒す」の花言葉がつきました。

DATA
分類：キク科シカギク属　原産地：ヨーロッパ
別名：カミツレ、カモマイル　開花時期：4〜7月
花色：白　香り：リンゴの香り

German chamomile

春

Narrow-leaved vetch　　　　　*Trifoliate orange*

小さくてもソラマメの仲間
カラスノエンドウ（烏野豌豆）

花言葉
小さな恋人たち　喜びの訪れ

すっかり日本になついてしまった帰化植物の一つです。熟しかけのサヤを半分に折り、中身を爪で取り除いて草笛にして遊んだ思い出がある方も多いのではないでしょうか。ソラマメの仲間なので若葉や豆は食用にもなります。花言葉は、早春に小さな花をいっせいに咲かせ、葉先から出ている巻きヒゲで、互いにからみあう愛らしい様子からつきました。

白い清楚な花の陰に潜むトゲ
カラタチ（枳殻）

花言葉
思い出

北原白秋の詩で有名なカラタチの花。真っ白な5枚の花びらが清楚な印象ですが、茎には鋭いトゲがあり、かつては家の垣根として重宝されていました。「思い出」という花言葉がついたのは、それだけ日本人の身近にあった花だからともいえます。寒さや病気に強く、やせ地でもよく育つため、ミカンなどの台木に使われています。秋には黄色い小さな実もなるのですが、食用にはなりません。

DATA
分類：マメ科ソラマメ属
原産地：西アジア、地中海沿岸
別名：ノエンドウ、ヤハズエンドウ
開花時期：3〜6月
花色：ピンク、白
香り：無香

DATA
分類：ミカン科カラタチ属
原産地：中国　別名：キコク（枳殻）
開花時期：4〜5月　花色：白
香り：柑橘類の香り

Bell flower

きれいなベルの音が聴こえてきそう

カンパニュラ

花言葉

感謝 誠実

カンパニュラとはラテン語で「釣り鐘」の意味です。日本のホタルブクロにも似ていて、花を下向きに咲かせる様は、別名にあるようにまさに風鈴そのものです。ギリシャ神話に登場する、果樹園の番人でニンフのカンパニュールは、園に侵入してきた兵士を発見してベルを鳴らして知らせましたが、逆に兵十に見つかり殺されてしまいます。それを知った花の女神フローラが、果樹園を守ったカンパニュールの誠実さに感謝し、彼女を美しいベルの形の花に変えたといわれており、花言葉はそんな物語にちなんでいます。

DATA
分類：キキョウ科ホタルブクロ属
原産地：南ヨーロッパ
別名：フウリンソウ（風鈴草）、ツリガネソウ（釣り鐘草）
開花時期：4〜6月
花色：白、紫、ピンク
香り：ほのかな甘い香り

春

Fernleaf corydalis

祈るように垂れ下がって咲く
キケマン（黄華鬘）

＊花言葉＊
祈りある生活　孤独な日々

日本だけに生える固有種で、都会の路地などでも黄色い総状の花をいっぱいつけて咲いているのを見ることができます。黄色の花がキケマン、紫色の花がムラサキケマンです。この「ケマン」とは、仏壇に垂れ下がった飾り（華鬘）のことで、花が垂れ下がる様子が似ていることから名がつけられました。花言葉も仏様の世界にちなんでいます。ケシの仲間で毒をもっているので、草の汁が手についたらよく洗いましょう。

DATA
分類：ケシ科キケマン属
原産地：日本（関東から沖縄まで）
別名：ウバコロシ（乳母殺し）、
　　　モモチドリ（百千鳥）、
　　　ヘビニンジン（蛇人参）
開花時期：4〜6月　花色：黄
香り：無香

Creeping bugleweed

彼岸の頃に庭を覆う
キランソウ（金襴草）

＊花言葉＊
あなたを待っています
追憶の日々

生薬として知られており、山で虫に刺されたときに、もみつぶして塗るとかゆみや痛みが治まります。花名の由来は地を覆って咲く姿が金襴の織物の切れ端に似ていることからとも、古語で「キ」が紫色で、「ラン」が藍色を意味していることからともいわれています。花言葉は低くひっそりと咲いて、誰かに気づかれるのをじっと待っているように見えることからついたのでしょう。別名「地獄の釜のふた」は彼岸の頃に咲くからとも、地面を覆い地獄の釜が開かないようにするからともいわれています。

DATA
分類：シソ科キランソウ属
原産地：日本（本州以南）、朝鮮半島、中国
別名：ジゴクノカマノフタ（地獄の釜のふた）、
　　　コウボウソウ（弘法草）、イシャゴロシ（医者殺し）
開花時期：3〜5月　花色：紫　香り：さわやかな香り

Bird's-eye

品種によって花の形いろいろ
ギリア

花言葉
気まぐれな恋　ここに来て

花名は、スペインの植物学者ギルからきています。30種以上の品種があり、同じ「ギリア」という名の花でも千差万別な形をしているため、花言葉の「気まぐれな恋」がつきました。英名の"Bird's-eye"はギリア・トリコロールという花の中心が、鳥の目に見えることが由来になっています。

DATA
分類：ハナシノブ科ヒメハナシノブ属
原産地：北アメリカ西部
（カリフォルニア州、オレゴン州）
別名：アメリカハナシノブ（米国花忍）、タマザキヒメハナシノブ（玉咲姫花忍）、ギリアレプタンサ　開花時期：4〜7月
花色：青、紫、白　香り：甘い香り

Pot marigold

食べられる黄金の花
キンセンカ（金盞花）

花言葉
慈愛　乙女の姿　静かな思い
別れの悲しみ　失望

花名は浅いカップ状に咲く黄色の花を金の盞(さかずき)に見立ててつけられました。ヨーロッパでは古くから食用、薬用に用いられています。花言葉は、ギリシャ神話に登場する水の精クリティが、太陽神アポロンにかなわぬ恋をし、空のアポロンをずっと見つめているうちに花の姿に変わってしまったという話にちなんでいます。

DATA
分類：キク科キンセンカ属
原産地：南ヨーロッパ　開花時期：3〜6月
別名：カレンデュラ、チョウシュンカ（長春花）、フユシラズ（冬知らず）
花色：黄、オレンジ、濃いオレンジ
香り：芳香あり

春

Japanese buttercup

太陽の光で輝く花びら
キンポウゲ（金鳳花）

＊花言葉＊
まぶしいほどの魅力　光り輝く

キンポウゲというと、数千種におよぶキンポウゲ科全般をさしますが、本来は光沢のある黄色の花の「ウマノアシガタ」のことをさし、イギリスでは"butter cup（バターカップ）"といいます。花びらに光沢があり、春の野山や水辺にキラキラと輝く花を咲かせる姿から、花言葉もつけられました。

DATA
分類：キンポウゲ科キンポウゲ属
原産地：日本を含む東アジア　別名：ウマノアシガタ（馬の足形）　開花時期：4〜6月　花色：黄　香り：無香

Japanese quince

バラの仲間で実は果実酒に
クサボケ（草木瓜）

＊花言葉＊
一目惚れ　平凡

ボケより背丈が低く、草のように小さいことからクサボケと呼ばれます。花言葉の「一目惚れ」は、葉が出るよりも先に細い枝に咲く花がとても印象的なことから、「平凡」は、丈夫な性質でかつては生垣などに多用されていたことにちなんでいます。秋になるとリンゴを小さくしたような香りのよい実がなり、それをリキュールなどに漬けてつくるシドミ酒は、滋養強壮剤になる酒として知られています。

DATA
分類：バラ科ボケ属　原産地：日本　別名：シドミ
開花時期：3〜6月　花色：オレンジ、白　香り：無香

Japanese lady's slipper 春

独特の花姿をした野生ラン
クマガイソウ（熊谷草）

＊花言葉＊

気まぐれな貴婦人
見かけ倒し

花名は、袋状の花姿が、平 敦盛を追っていた熊谷直実の母衣（矢を防ぐ防具）に似ていることが由来です。花言葉は、花の姿が気どった貴婦人に見えることから「気まぐれな貴婦人」が、扇形に広がった大きな葉が一見、敵を威嚇しているように見えることから「見かけ倒し」がつけられました。よく似た形で赤紫色の花をアツモリソウと呼ぶのも源氏の白、平家の赤にちなんだものです。

DATA
分類：ラン科アツモリソウ属
原産地：日本
別名：ホロカケソウ（母衣掛け草）
開花時期：4〜5月　花色：薄紫
香リ：無香

Christmas rose

シックな色、花姿が人気
クリスマスローズ

＊花言葉＊

私の不安をやわらげて 慰め

早春に咲く数少ない花の一つで、昨今の大ブームで一躍有名になりました。シックな花色や変化に富んだ形、うつむいて咲く奥ゆかしい姿などが魅力です。常緑で耐寒性があるため、寒い地方では貴重な冬のグランドカバーとして利用できます。花には香りがあり、ヨーロッパでは古くから病人の悪霊を取り除き、うつ病にも効くと信じられてきました。花言葉もこれにちなんでいます。また、イエス・キリストが誕生したときに、マデロンという羊飼いの貧しい少女が「自分は何も捧げるものがない」と泣いていたところ、地面からこの花が咲き、キリストに捧げたという言い伝えもあります。

春

DATA
分類：キンポウゲ科
　　　クリスマスローズ（ヘレボルス）属
原産地：中南ヨーロッパ、西アジア
別名：レンテンローズ、ヘレボラス、ヘレボルス
開花時期：2〜4月
花色：白、ピンク、紫、茶、黄、緑など
香り：品種によってさまざまな香り

Japanese primrose

ラッパのような花が下から上に咲く

クリンソウ（九輪草）

＊花言葉＊

青春の希望
幸福を重ねる　もの思い

びっくりするくらい鮮明な赤紫の花が、山地の水辺などに咲いているのをときどき見かけます。段々に咲いてくる花の様子が、お寺の塔の先についている九輪に似ていることからこの名がつけられました。茎の先にたくさんの花を咲かせる華やかな印象が、花言葉のように希望や幸福のイメージと重なります。日本では、赤紫のほかに、ピンク、白などがありますが、最近ではヨーロッパから黄色のものも紹介されています。

▶ DATA

分類：サクラソウ科プリムラ属　原産地：日本
別名：シチジュウソウ（七重草）、
ホウトウゲ（宝塔華）　開花時期：4〜6月
花色：赤紫、ピンク、白　香り：無香

Clover

世界中に知られる花言葉を持つ
クローバー

＊花言葉＊

四つ葉／幸福
　　　　私のものになってください
白／約束　私を思ってください
赤／実直　勤勉

四つ葉は幸福のシンボルとして有名ですが、三つ葉は、愛情、希望、信仰のシンボルとされ、キリスト教では父と子、それに聖霊の三位一体の象徴とされています。西暦432年頃にアイルランドを訪れた聖パトリックが、クローバーの葉を使い三位一体の説明をし、同時にさまざまな奇跡を起こしたことからアイルランドの国花となりました。「約束」の花言葉は、この故事に由来しています。

分類：マメ科シャジクソウ属
原産地：ヨーロッパ
別名：ツメクサ（詰草）、
　　　オランダゲンゲ（紫雲英）、
　　　ウマゴヤシ（馬肥やし）
開花時期：4〜7月
花色：白、赤、黄
香り：無香

Bay laurel

勝者に与えられるアポロンの木
ゲッケイジュ（月桂樹）

＊花言葉＊

花／栄光　名誉　勝利
　　輝ける未来
葉／死すとも変わらず

古代ギリシャでは太陽神アポロンの木として、すぐれた人や競技の優勝者には月桂冠が贈られてきました。今でも勝者や平和の象徴として使われています。ギリシャ神話では、河の神の娘ダフネがアポロンの求愛を拒絶し続け、最後はゲッケイジュに姿を変えてしまいます。それを悲しんだアポロンは、永遠の愛の証として、ダフネの一部であるゲッケイジュからつくった月桂冠を永遠に身に着けたといわれており、葉の花言葉はこの話にちなんでいます。

DATA

分類：クスノキ科ゲッケイジュ属
原産地：地中海沿岸
別名：ローレル、ローリエ、スイートベイ、ベイツリー
開花時期：4〜5月　花色：薄黄
香り：葉と同じ系統の甘い香り

Bleeding heart

ハートが半分に割れたような形
ケマンソウ（華鬘草）

＊花言葉＊

従順　恋心　失恋

ハート形の花は、中心の白い部分に昆虫が触れると両方に開き、中から雄しべと雌しべが現れるめずらしい性質をもっています。英名は"Bleeding heart（ブリーディングハート）"。ハートから血が流れているように見える花姿からつけられました。花言葉も同様に、ハートが割れたような形から連想したものです。

▶DATA◀
分類：ケシ科ケマンソウ属　原産地：中国、朝鮮半島
別名：タイツリソウ（鯛釣草）、
ケマンボタン（華鬘牡丹）
開花時期：4〜6月　花色：ピンク、白　香り：無香

Chinese milk vetch

なつかしい春の野の風景をつくる
ゲンゲ（紫雲英）

＊花言葉＊

心が安らぐ
あなたと一緒なら苦痛がやわらぐ

今ではなつかしい風景になってしまったレンゲソウ畑。ティアラをつくって遊んだ方も多いのではないでしょうか。花の形がハスに似ていることから、「蓮花草」と呼ばれるようになりましたが、正式な和名は「ゲンゲ」です。一面に野に咲く風景が、遠くから見ると紫色の雲がたなびいているように見えることからつけられました。中国では、乾燥させて、生薬として使われており、花言葉も花に薬効成分があることに由来しています。

▶DATA◀
分類：マメ科ゲンゲ属
原産地：中国
別名：レンゲソウ（蓮華草）
開花時期：4〜5月
花色：ピンク
香り：甘い香り

春

Cherry blossom 春

日本の春を彩る長寿の花木
サクラ（桜）

＊花言葉＊

精神の美 優美な女性
ソメイヨシノ／純潔 すぐれた美人
シダレザクラ／優美
ヤマザクラ／あなたにほほえむ

日本神話に登場する女神、木之花咲耶姫が富士山から種を蒔いて日本中に広めたという、日本の春を象徴する花です。可憐に咲き、潔く散っていく風情から、芯のある美人を連想させる花言葉がついています。花言葉の「精神の美」は、アメリカ初代大統領ジョージ・ワシントンが子供のときに、誤って父が大切にしていたサクラの枝を切ってしまい、それを正直に告白して逆にほめられたという逸話からきています。ちなみに日本のサクラの名所の8割を占めるといわれるソメイヨシノは、江戸時代後期に東京の染井村の植木職人たちが交配してつくったことから、この名前がつきました。

DATA
分類：バラ科スモモ属
原産地：北半球の温帯
別名：チェリー
開花時期：3〜4月
花色：ピンク、白
香り：品種によって強いものと弱いものがある

Primrose

江戸っ子も愛した無邪気な花
サクラソウ(桜草)

＊花言葉＊

初恋 あこがれ
無邪気 清らか

野生はピンクの一色ですが、江戸時代からいろいろな園芸種がつくられ、200種類以上が現在でも愛好家の間で育てられています。小さな花を輪生状に咲かせるかわいらしい姿から、初々しく(ういうい)無邪気なイメージの花言葉が生まれました。ギリシャ神話では、花の女神フローラの息子パラリソスが、恋人を失った悲しみから死を選び、その死を悲しんだフローラが、パラリソスをサクラソウにしたという話があり、ヨーロッパでは死をイメージする花でもあります。

DATA
分類：サクラソウ科サクラソウ属
原産地：日本から中国
別名：ニホンサクラソウ（日本桜草）
開花時期：4〜6月
花色：ピンク、紅紫、白、黄
香リ：甘い香り

Surfinia

日本生まれのニューフェイス
サフィニア

＊花言葉＊
咲きたての笑顔

ハンギングバスケットや寄せ植えになくてはならない花の一つ、サフィニアは、1989年に日本で誕生した新しい花です。花名は「サーフィン（Surfing）」と「ペチュニア（Petunia）」の合成語。匍匐（ほふく）する性質を持つため地面を這うように生長し、低い位置から空に向かって花を咲かせる姿が、楽しく波乗りして遊ぶサーファーにも見えて、心をパッと明るくしてくれるかわいらしさがあります。また、「サーフィン」が語源に入った花にふさわしく、夏の暑さに強いのも特徴。花言葉は、全国から公募し選ばれたものです。

春

DATA			
分類：ナス科ペチュニア属		原産地：日本	
別名：──		開花時期：4〜10月	
花色：赤、ピンク、紫、黄、白など			
香リ：甘い香リ			

Japanese cornel

花は観賞に、実は薬に

サンシュユ（山茱萸）

＊花言葉＊

耐久　持続　気丈な愛

秋に赤く実る果実を薬用とするために、中国大陸から江戸時代に持ち込まれ、今では広く栽培されています。黄色い花は早春の花盛りには欠かすことができないものですが、秋の赤い実のころも趣があります。実はお酒に漬けたり、乾燥させて煎じたりして飲むと、滋養強壮や疲労回復に効果があるといわれており、花言葉も薬用として使われてきたことに由来しています。別名の「春黄金（はるこがね）」は、春に小さな黄金色の花をいっぱいに咲かせることから、「秋珊瑚（あきさんご）」は、秋に珊瑚のようなきれいな赤い実をつけることからつきました。

DATA

分類：ミズキ科ミズキ属
原産地：朝鮮半島、中国
別名：ハルコガネ（春黄金）、アキサンゴ（秋珊瑚）
開花時期：3〜4月
花色：黄　香り：淡い

Moss phlox

春

幻想的な花のカーペット

シバザクラ(芝桜)

花言葉

燃える恋　合意
忍耐　臆病な心

北米原産の多年草ですが、日本に定着し、日当たりのよい石垣の上や土手によく植えられています。群生し、息をのむような一面のカーペットをつくることから、それを観光名所としている公園も多くあります。花言葉の「忍耐」は、一つひとつの花は極小で弱々しくても、群れ咲くことで、逆境に耐えている姿に、また、「燃える恋」は、英名や学名にも使われている"phlox（フロックス）"が、炎の語源を持つことにちなんでいます。

▶ DATA
分類：ハナシノブ科フロックス属
原産地：北アメリカ
別名：モスフロックス、ハナツメクサ（花詰草）
開花時期：3～5月
花色：ピンク、紫、青、赤、白など　香り：無香

Yeddo-hawthorn

ブーケのようにまとまって咲く

シャリンバイ（車輪梅）

＊花言葉＊

愛の告白 純真

濃い緑色の葉を車輪状につけ、ウメに似た花を咲かせることからこの名がつきました。花言葉の「愛の告白」は、丸くまとまって咲いている花が、女性に捧げるブーケのように見えることから、「純真」は花の清楚なイメージからきています。奄美大島では「テーチ木(ぎ)」と呼び、大島紬(おおしまつむぎ)の染料として利用していて、その色は古くから日本女性の肌を美しく引き立てる色として愛されてきました。

DATA

分類：バラ科シャリンバイ属	原産地：日本、韓国、台湾
別名：タチシャリンバイ（立車輪梅）、ハナモッコク（花木斛）	開花時期：4〜6月
花色：白、ピンク、赤	香り：甘く強い香り

王妃にも愛された甘い香り
スイートピー

花言葉

門出　やさしい思い出
繊細　デリケートな喜び

イタリア・シシリー島生まれのこの花が世界中に広がったのは、エドワード7世（1841〜1910年）の王妃アレクサンドラが、式典や晩餐会で常に飾っていたことからといわれています。甘い香りは、ヨーロッパの女性たちに受け入れられ、寝室に飾る花としても定着しました。花言葉の「門出」「やさしい思い出」は、花びらが今にも飛び立つ蝶々に見えることからきています。

DATA
分類：マメ科レンリソウ属
原産地：イタリア・シシリー島
別名：カオリエンドウ（香豌豆）、
　　　ジャコウレンリソウ（麝香連理草）
開花時期：4〜6月
花色：赤、ピンク、白、青、紫など
香り：甘い香り

Lily of the valley

世界中の女性に愛される白い小花
スズラン（鈴蘭）

＊花言葉＊

あふれ出る美しさ　希望
幸福の再来　純愛

真っ白な釣り鐘状の花が下向きに連なって咲く様は、「君影草」の別名がぴったりかもしれません。高原の山道に咲いているのをときどき見かけますが、花や根にはかなり強い毒があり、アイヌの人たちはその汁を矢の先に塗っていたそうです。希望の春の訪れとともに咲く純粋な姿から、ヨーロッパでは聖母マリアの象徴とされ、そのイメージにふさわしい花言葉がついています。イギリスのキャサリン妃とウイリアム王子のロイヤルウエディングにも、ブーケとして使われていました。

DATA

分類：ユリ科（スズラン亜科）スズラン属
原産地：アジア、ヨーロッパ
別名：キミカゲソウ（君影草）
開花時期：4〜5月
花色：白　香り：甘い香り

春

Stock

まっすぐ伸びて可憐に咲く
ストック

花言葉

愛の絆
白／思いやり
赤／私を信じて
紫／おおらかな愛情

しっかりした茎がまっすぐに伸びていることから、英語で「幹」「茎」を意味するストックという花名がついています。そんな花姿から、昔のフランスの男性は、理想の女性に出会うと「一途に思い続けます」という意志を表すために、この花を帽子の中に入れて歩いたといわれており、花言葉の「愛の絆」や「私を信じて」は、その逸話に由来しています。

DATA
分類：アブラナ科アラセイトウ属
原産地：南ヨーロッパ
別名：アラセイトウ（紫羅欄花）
開花時期：3～5月
花色：紫、青、赤、ピンク、白、オレンジ、黄
香り：さわやかな香り

Crimson clover

キュートな花名も人気の理由
ストロベリーキャンドル

花言葉

私を思い出して 胸に灯をともす
素朴な愛らしさ

クローバーの仲間で、日本には明治時代に牧草（緑肥）として入ってきました。花名のストロベリーキャンドルは、イチゴに似ていて、ろうそくを灯したように咲くことからつけられ、花言葉もそんな花の姿に由来しています。花や葉はサラダやスープにして食べることができます。

DATA
分類：マメ科トリフォリウム（シャジクソウ）属
原産地：ヨーロッパ、西アジア
別名：クリムソンクローバー、ベニバナツメクサ（紅花詰草）、オランダレンゲ
開花時期：4～6月　花色：赤　香り：無香

Summer snowflake

雪のように白い小さな花
スノーフレーク

＊花言葉＊

純粋 汚れなき心 純潔

花名は日本語にすると「ひとひらの雪」ですが、ヨーロッパでは夏に咲く花なので、"Summer snowflake（サマースノーフレーク）"と呼ばれています。花びらの先端に入った緑色の斑点が花の清楚さを際立てており、花言葉はそんな花姿に由来しています。鼻を近づけるとほのかにスミレのようなにおいがします。

|DATA|
分類：ヒガンバナ科スノーフレーク属
原産地：中南ヨーロッパ
別名：スズランスイセン（鈴蘭水仙）
開花時期：3〜4月　花色：白
香り：スミレのような香り

Geranium

窓辺に置けば魔除けにもなる
ゼラニウム

＊花言葉＊

尊敬 信頼 真の友情

赤／君がいて幸せ
ピンク／決心
白／私はあなたの愛を信じない

虫が嫌う香りを放つため、ヨーロッパでは虫除けとして、転じて魔除けや厄除けとして窓辺に置く習慣があり、「尊敬」「信頼」といった花言葉は、ゼラニウムへの信頼感を表しています。また、イスラム教では、開祖モハメットの徳をたたえるために、アッラーの神が創造した花という言い伝えがあります。

|DATA|
分類：フウロソウ科ペラルゴニウム属
原産地：アフリカ
別名：ニオイテンジクアオイ（匂い天竺葵）
開花時期：4〜11月　花色：赤、ピンク、白、黄
香り：特有の香り

Dandelion

春

綿毛を飛ばして恋占い
タンポポ（蒲公英）

＊花言葉＊

神のお告げ　誠実
幸せ　別離

若葉はサラダに、根はコーヒーに、また乾燥させた花や葉は健胃薬にするなど、古くから人間と深くかかわりあってきた植物です。ヨーロッパでは花びらを「好き、嫌い」ととなえながら一本ずつ抜く占いや、綿毛を一息で吹き飛ばせれば「愛されている」とする占いが知られていることから、「神のお告げ」という花言葉が、綿毛が風に吹き飛ぶ様子から「別離」という花言葉がつきました。英名の"Dandelion（ダンディライオン）"はフランス語の"Dant-de-lion"（ライオンの歯）に由来し、ギザギザの葉をライオンの歯にたとえています。

DATA

分類：キク科タンポポ属
原産地：日本、ユーラシア大陸
別名：ツヅミグサ（鼓草）
開花時期：3～4月　花色：黄
香り：無香

Tulip

歴史と物語を秘めた球根植物
チューリップ

花言葉

思いやり　名声　愛の告白
赤／愛の告白　永遠の愛
ピンク／愛の芽生え
白／許してください　純真
紫／気高さ　不滅の愛
黄／実らぬ恋

花名は、原産地の一つトルコの人々がかぶっている帽子「チューリバン（ターバン）」が語源です。現在世界中に約5600種あるといわれているチューリップは、春の庭にはなくてはならない身近な花ですが、17世紀のオランダでは投機の対象で、この球根一つに家一軒と同じ価値があるといわれました。花言葉は色によってさまざまですが、「思いやり」や「愛の告白」は、三人の騎士から求愛され冠、剣、黄金を贈られた少女が、一人を選ぶことができず、騎士たちが争わないですむように、女神に頼んで自分の姿を花に変えてもらったという、オランダに伝わる物語からきており、冠は花、剣は葉、黄金は球根になったといわれています。

DATA
分類：ユリ科チューリップ属
原産地：地中海沿岸から中央アジア
別名：ウッコンソウ（鬱金草）
開花時期：3～5月
花色：赤、ピンク、白、紫、黄、複色など　香リ：ほぼ無香

Azalea

生垣や公園、道路の植栽を彩る

ツツジ（躑躅）

＊花言葉＊

慎み　節度
赤／愛の喜び
白／初恋

花名の語源は、花の形が筒状になっているから、次々と続いて連なって咲くからなど諸説あります。19世紀にヨーロッパに紹介され、アザレアやエクスバリーアザレア（西洋ツツジ）などがつくり出されました。多くは落葉、または半落葉で、日本では一般的に春に咲くのがツツジ、初夏（5月頃）に咲くのがサツキ、常緑のものはシャクナゲと呼び分けています。「愛の喜び」は、輝くように明るい赤色から、「初恋」は純白の染められていない美しさからきています。

DATA

分類：ツツジ科ツツジ属
原産地：日本
別名：──
開花時期：4〜6月
花色：赤、ピンク、白
香り：品種により強弱の差があり

Camellia

花ごと散った様も絵になる

ツバキ(椿)

＊花言葉＊

完全な愛　控えめなやさしさ
赤／気取らない魅力　控えめな美徳
白／理想の愛　誇り

古くから親しまれてきた日本を代表する花の一つです。日本海側に自生しているユキツバキ（雪椿）やワビスケ（侘助）などとこのヤブツバキをもとに多くの園芸品種がつくり出されてきました。18世紀にヨーロッパに渡ったツバキは、ビロードのような美しい花びらを持つ花として、19世紀のヨーロッパ社交会で一大ブームになり、小説『椿姫』が生まれました。花言葉の「控えめな」という形容は、花のあでやかさのわりには香りがないことからきています。

DATA

分類：ツバキ科ツバキ属
原産地：日本（本州、四国、九州）、朝鮮半島南部
別名：ヤブツバキ（藪椿）、タイトウカ（耐冬花）
開花時期：2〜4月　花色：赤、白、ピンク
香り：無香

Greater periwinkle

ツルを伸ばしながら毎日咲く
ツルニチニチソウ（蔓日々草）

＊花言葉＊
楽しい思い出 幼なじみ

ニチニチソウに似ていて、ツル植物なのでこの名がつきました。暑さ、寒さに強く、伸びたツルが先々で根を下ろしていくため、地面を覆うグランドカバーとしてよく使われています。ヨーロッパでは、冬も枯れないことから不死のシンボルとされており、また、次々と咲き続ける姿から、身につけていると繁栄と幸福をもたらすという言い伝えがあります。花言葉は、思想家ジャン-ジャック・ルソーが自叙伝『告白』で、恋の思い出の花であると書いたことからきています。

DATA
分類：キョウチクトウ科
ツルニチニチソウ属
原産地：ヨーロッパ
別名：ツルギキョウ（蔓桔梗）
開花時期：4～7月
花色：薄紫　香り：無香

Japanese mazus

気がつけば、いつもそばにある花
トキワハゼ（常磐爆）

＊花言葉＊
いつもと変わらない心

花名は、いつも葉をつけていることから常磐（トキワ）、種の入った丸い実が真ん中から弾けることから爆（ハゼ）とつけられました。英名の"mazus"は、乳頭突起の意味で、花冠の部分に突起があることに由来しています。日本全国の道端、あぜ道、畑などでよく見かける身近な野草の一つで、かわいい薄紫の花が、春から晩秋まで咲き続けることから、花言葉がつけられました。よく似た花で地面を這うムラサキサギゴケがあります。

DATA
分類：ゴマノハグサ科サギゴケ属
原産地：日本、中国、インド
別名：ナツハゼ（夏爆）
開花時期：4〜11月
花色：薄紫　香り：無香

Shepherd's purse

葉を揺らすと音が鳴る
ナズナ（薺）

＊花言葉＊
すべてを捧げます
君を忘れない

白い清楚な花で、日本の春の野の原風景をつくります。春の七草の一つでもあり、かつては、若苗は冬の貴重な野菜でした。種の形が三味線を弾く撥（ばち）に似ていて、茎から少し裂いて揺らすとペンペンと音を出すためペンペン草とも呼ばれます。英名の"Shepherd's purse"は「羊飼いの財布」という意味で、種の形が財布に似ていることからきており、花言葉の「すべてを捧げます」は、「私の財布をすべて預けます」という意味から転じたようです。

DATA
分類：アブラナ科ナズナ属
原産地：西アジア
別名：ペンペングサ
開花時期：2〜6月
花色：白
香り：無香

Field mustard

観て、食べて春を感じる
ナノハナ(菜の花)

花言葉

小さな幸せ
快活な愛　明るさ

古くシルクロードから漢に入り、弥生時代に日本に渡ってきたといわれ、現在に至るまで油をとったり食用にしたりするために栽培されてきました。春の空の下で黄色の絨毯(じゅうたん)のように広がる風景は、多くの詩歌に詠まれています。花言葉は、春を告げる元気な花色と、茎の先に小さな花束のように可憐な花を咲かせる姿からつけられたものです。

DATA
分類：アブラナ科アブラナ属
原産地：西アジアから北ヨーロッパ
別名：ハナナ(花菜)、ナバナ(菜花)、アブラナ(油菜)　開花時期：2〜5月
花色：黄　香リ：無香

春

Wind flower

二輪ずつ咲く春の妖精
ニリンソウ（二輪草）

＊花言葉＊

友情 協力 ずっと離れない

スプリング・エフェメラルの輝きを放つかわらしい花の一つで、田畑の土手などに群生して咲きます。二輪ずつ花茎が伸びるのが特徴で、先に一つ目が咲き、待つように二つ目が咲くことから花言葉がつきました。また、葉の形がガチョウの足に似ていることから、中国語で「ガチョウの足」の意味の「鵝 掌 草」とも呼ばれます。

DATA
分類：キンポウゲ科イチリンソウ属
原産地：東アジア
別名：ガショウソウ（鵝掌草）
開花時期：4〜6月
花色：白　香り：無香

Japanese red elder

枝は魔法の杖に!?
ニワトコ（接骨木）

＊花言葉＊

熱心 哀れみ 思いやり 愛らしさ

株立ちになる低木で、その花姿は大きなアジサイのようです。初夏になると実は赤く熟し、鳥たちが来ておいしそうについばみます。乾燥した茎を煮詰めれば、骨折などの治療薬になり、また、若葉は食用、実は果実酒として重宝されてきました。西洋ニワトコであるエルダーフラワーは、ヨーロッパでは、魔力を持つと信じられており、映画にもなったイギリスの人気小説『ハリー・ポッター』にも「ニワトコの杖」が登場しています。

DATA
分類：スイカズラ科ニワトコ属
原産地：本州以南、中国
別名：セッコツボク（接骨木）、タズノキ（たずの木）
開花時期：4〜5月
花色：クリーム
香り：マスカットのような香り

Flowering crabapple 春

中国でも日本でも美人の代名詞
ハナカイドウ（花海棠）

＊花言葉＊
温和 妖艶 艶麗 美人の眠り

ピンクの花をいっぱいに咲かせた姿はとても印象的で、花後は小さくて丸いリンゴのような実をつけます。花言葉は、中国や日本で古くから美人の代名詞としても使われてきたことからきており、「美人の眠り」は、絶世の美女・楊貴妃の寝起きの美しさをたたえた故事に由来します。

DATA
分類：バラ科リンゴ属　原産地：中国
別名：スイシカイドウ（垂糸海棠）
開花時期：4〜5月　花色：ピンク　香り：無香

Spring star flower

星のような花の形
ハナニラ（花韮）

＊花言葉＊
耐え忍ぶ愛 愛しい人
星に願いを 別離

イエス・キリストが生まれたときに、三人の賢者が星の導きにより生誕の地ベツレヘムにたどり着いたという逸話があり、その夜空に輝いた星に見立てて「ベツレヘムの星」の別名がついています。南アメリカでは、花びらを枕元に置いて寝て、夢に意中の人が現れなければ縁がないものとあきらめる習慣があるそうです。なお、同じ星の形をしたオーニソガラム（P16）も、「ベツレヘムの星」と呼ばれています。

DATA
分類：ヒガンバナ科ハナニラ属　原産地：アルゼンチン
別名：ベツレヘムノホシ　開花時期：3〜4月
花色：白、ピンク、黄、青
香り：花は甘い香り、葉はニラの香り

Dogwood

春の散歩道を彩る
ハナミズキ(花水木)

花言葉

私の愛を受けとめてください
永続性　華やかな恋

1912年、アメリカ・ワシントンD.C.サクラメントに日米親善の証として贈られたソメイヨシノのお礼としてやってきたのが、日本でのハナミズキの始まりです。花期が長く、秋に実が真っ赤に実り、樹形も整って美しいので、庭木や記念樹としても人気が高く、街路樹にも多く植えられています。英名の"Dogwood"は、犬の皮膚病の薬に樹皮を使っていたという説に由来しています。

DATA
分類：ミズキ科ミズキ属
原産地：北アメリカ
別名：アメリカヤマボウシ
開花時期：4～5月
花色：白、赤、ピンク
香り：甘い香り

Cudweed

子をやさしく包む母の姿のよう
ハハコグサ（母子草）

＊花言葉＊
永遠の愛　忘れない　やさしい人

花名は諸説あるようですが、あたたかい綿毛で新芽を母のように包み込む姿からついたといわれており、花言葉もそれに由来しています。春の七草のオギョウ（御形）として親しまれ、以前はこの草の新芽を草餅の材料としていましたが、「母子」を食べてはよくないということからヨモギが使われるようになりました。

DATA
分類：キク科ハハコグサ属　原産地：中国からインド
別名：オギョウ（御形）、ゴギョウ（御形）
開花時期：4〜6月　花色：黄　香リ：無香

Philadelphia fleabane

春の野に広がる帰化植物
ハルジオン（春紫苑）

＊花言葉＊
追想の愛

ヒメジョオンとともに19世紀末に日本に帰化した植物で、秋に咲くシオンに対して春に咲くためこの花名がつきました。その繁殖力の強さで全国に広がり、手入れが行き届かない家の庭にも咲く風景から「貧乏草」とも呼ばれます。花言葉は、つぼみが少しうなだれて咲く姿が、去った人を偲んでいるように見えることからきたようです。

DATA
分類：キク科ムカヨモギ属　原産地：北アメリカ
別名：ビンボウグサ（貧乏草）　開花時期：4〜6月
花色：白、ピンク　香リ：無香

Corn poppy

透きとおる花びらが美しい
ヒナゲシ（雛罌粟・雛芥子）

＊花言葉＊

忘却　眠り　想像力
赤／感謝　慰め
白／眠り
黄／富　成功

中国・秦末期の武将項羽（こうう）が劉邦（りゅうほう）に追いつめられたと知り、項羽の愛人・虞美人（ぐびじん）は自害してしまったという伝説があり、そのお墓に毎年咲くという真っ赤な花が虞美人草で、ヒナゲシの別名です。華奢で透きとおるような花弁が虞美人の美しさを表しています。また、ギリシャ神話では、眠りの神ソムアヌが豊穣の神デメテルを眠りにつかせるためにつくった花とされ、花言葉の「眠り」はそれに由来しています。

DATA

分類：ケシ科ケシ属
原産地：ヨーロッパ
別名：グビジンソウ（虞美人草）、シャーレイポピー　開花時期：4〜6月
花色：赤、オレンジ、白、黄、紫
香り：無香

Hyacinth

しとやかに咲く球根花
ヒヤシンス

花言葉

紫／悲しみを超えた愛
赤／嫉妬
ピンク／スポーツ
　　　　しとやかなかわいらしさ
白／控えめな愛らしさ
青／変わらぬ愛

水栽培で親しまれている球根植物です。オスマントルコの時代から栽培され、この花を愛したオスマン帝国の王が、5万本ものヒヤシンスを原産地から集めたという逸話が残っています。花名は、ギリシャ神話に登場する美少年ヒュアキントスからきています。彼が太陽神アポロンと円盤投げで遊んでいると、西風の神ゼピュロスが嫉妬し、風を吹かせて邪魔をしました。風で方向を変えた円盤はヒュアキントスに当たり、彼は死んでしまいます。このときに流れた血から紫色のヒヤシンスが咲いたといわれており、花言葉もこの物語にちなんでいます。

DATA
分類：ユリ科ヒヤシンス属
原産地：西アジアからギリシャ
別名：ニシキユリ
開花時期：3〜4月
花色：紫、赤、ピンク、白、青、黄、オレンジ
香り：甘い香り

春

雌しべが針のように見える
ピンクッション

＊花言葉＊
どこでも成功を

南アフリカ原産で、オーストラリアで改良された常緑小低木です。枝先にオレンジの雌しべだけがホウキ状に集まっためずらしい形をしており、その形が、針がたくさん刺してある裁縫道具の針山（ピンクッション）に似ていることから花名もつけられました。もともと乾燥した所に生えているので、切り枝にしても長持ちします。花言葉は、たくさんの雌しべの一本一本が、針のようにきちんとした形でまっすぐに上に伸びていることにちなんだものです。

DATA
分類：ヤマモガシ科レウコスペルマム属
原産地：南アフリカ
別名：レウコスペルマム、リューコスペルマム
開花時期：3〜5月
花色：オレンジ、黄、ピンク、赤
香り：無香

Giant butterbur

春

かわいい小花は食べても美味
フキ（蕗）

＊花言葉＊

愛嬌　仲間　待望

春まだ浅い季節に、小川や田畑の土手などに生える山菜で、花芽であるフキノトウ（蕗の薹）は天ぷらにして、茎もアク抜きをしていただくと春一番の香りが口に広がります。フキという名前の由来は諸説ありますが、冬に黄色い花を咲かせるという意味で「冬黄(ふゆき)」からきているとも。苞(ほう)に包まれたたくさんの小さな花が、かわいらしくまとまって咲く姿が花言葉につながっているようです。

DATA
分類：キク科フキ属
原産地：日本、カラフト、中国
別名：フユキ（冬黄）
開花時期：3～5月
花色：黄、白　香り：無香

Japanese wisteria

ほのかな風にもやさしく揺れる

フジ（藤）

＊花言葉＊

やさしさ　恋に酔う　歓迎

『古事記』や『万葉集』にも多く登場し、平安時代には藤原家の家紋にもなるなど、高貴な花として日本人に愛されてきました。花名の由来は諸説ありますが、「吹き散る」がなまったといわれています。長い花穂が風に吹かれて、ふんわりと甘い香りを漂わす様子は、何ともいえない風情があり、花言葉の「やさしさ」「恋に酔う」はこの揺れている様子から、また、「歓迎」も揺れる様が手をふって人を招き寄せているようにも見えることからついたと思われます。一般的に見るのが「野田フジ」でツルは右巻き、山で見るのが「山フジ」でツルは左巻きです。

DATA

分類：マメ科フジ属　　原産地：日本
別名：ノダフジ（野田藤）、シトウ（紫藤）
開花時期：4〜5月　　花色：紫、ピンク、白
香り：甘い香り

Freesia

春

あどけない表情が魅力
フリージア

＊花言葉＊

あどけなさ　純潔
多くの人に愛されてきました
黄／無邪気
白／あどけなさ
赤／純潔
紫／憧れ

独特の甘い香りと、鮮やかな花色が特徴で、明るくあどけない花の表情から「無邪気」などの花言葉がつけられました。別名の「香雪蘭」は、「香りのよい清楚なラン」という意味です。花名は、19世紀に南アフリカでこの花を発見した植物学者エクロンが、親友の医師フレーゼに敬意を表してつけたと伝えられています。霜に弱く温暖な土地を好むため、伊豆七島の最南端に位置する八丈島で、栽培が盛んにおこなわれています。

DATA
分類：アヤメ科フリージア属
原産地：南アフリカ　別名：アサギズイセン（浅黄水仙）、コウセツラン（香雪蘭）、ショウブスイセン（菖蒲水仙）
開花時期：3〜4月　花色：黄、白、赤、紫、ピンク、オレンジ、青　香り：甘い香り

Flowering quince

春をいち早くつくりだす花
ボケ(木瓜)

＊花言葉＊
先駆者　早熟　平凡　妖精の輝き

平安時代に中国大陸から渡来し、瓜に似た実がなることから、「木瓜」と呼ばれるようになり、花名はこれが転訛したものです。薬用として熟した実を果実酒にするほか、生垣や切り花としても古くから愛されてきました。中国名は「放春花(ファンチュンファ)」で、春をいち早くつくりだす花という意味があり、花言葉の「先駆者」「早熟」はこれに由来しているのかもしれません。また、「平凡」は、丈夫な性質で多くの家の垣根で利用されたことから、「妖精の輝き」は、葉が出る前に枝につく花が神秘的に見えることからつきました。

DATA
分類：バラ科ボケ属　原産地：中国南部
別名：カラボケ（唐木瓜）　開花時期：3〜4月
花色：赤、白、オレンジ、ピンク、咲き分け
香り：無香

Borage

春

目を引くマドンナブルー
ボリジ

花言葉

勇気 移り気 心変わり

長い白い毛に包まれたマドンナブルー（明るい空色）の花で、たくさんの種類の花の中にあっても、ひときわ存在感を放ちます。古代ギリシャやローマ時代からハーブとして使われていて、葉や花の成分には気分を高揚させる効果があり、かつては兵士がこの花を浮かべた酒を飲んでから戦場に向かったといいます。また、白ワインに浮かべると花色が青からピンクに、ピンクから青にと移り変わるため、「移り気」「心変わり」という花言葉が生まれたようです。

▶DATA

分類：ムラサキ科ルリジシャ属
原産地：地中海沿岸
別名：ルリジシャ（瑠璃萵苣）、スターフラワー
開花時期：3〜7月
花色：マドンナブルー、赤紫、白、ピンク
香リ：無香

Japanese witch hazel

咲くごとに幸せをふりまく
マンサク（満作・万作）

花言葉
幸福の再来

早春の野山や水辺で縮れた黄色い花を枝いっぱいにつけた姿を見ます。花名は、毎年たくさんの花を咲かせるので「豊年満作」という言葉からとったとも、「（春になると）まず咲く」からとったともいわれており、花言葉も春になれば再び咲く花という意味からきたようです。また、英名に"witch"（魔女）がついているのは、マンサクの枝はたいへんしなることから、"wych hazel"（ハシバミのようにしなやか）という英語の、"wych"が同じ発音の"witch"（魔女）に変わったためといわれています。

DATA
分類：マンサク科マンサク属
原産地：日本（本州太平洋側）
別名：ネソ　開花時期：2〜5月
花色：黄　香り：強い香り

Asian skunk cabbage

思い出を刻む白い花
ミズバショウ（水芭蕉）

花言葉
美しい思い出

有名な尾瀬以外にも中部地方から北海道にかけてあちらこちらの湿地に群生地があり、雪解けを待って真っ白な花を咲かせます。花後、急激に伸びる大きな葉が芭蕉（バナナ）の葉に似ていることから花名がつきました。白い花のようなものは仏炎苞という葉が変化したもので、本当の花は中心の黄色い部分です。花言葉は、唱歌『夏の思い出』に由来しています。

DATA
分類：サトイモ科ミズバショウ属
原産地：日本（中部以北）、サハリン、カムチャッカ、シベリア東部
別名：ベコノシタ（牛の舌）
開花時期：4〜7月（雪解けの後）
花色：白
香り：甘い香り

春

Liver leaf   Mimosa

雪の中で気高く咲く
ミスミソウ(三角草)

花言葉

忍耐 自信 高貴

一枚の葉が三方向に分かれ、全体が三角形に見えることから花名がつきました。英名の"Liver leaf"は、その個性的な葉の形が、人の肝臓の形に似ていることに、別名「州浜草」は、やはり葉の形が、結納や婚礼などに使う州浜台に似ていることにちなんでいます。また、もう一つの別名「雪割草」は、どんなに雪が積もっていても早春になると雪の下から現れ、冷たい風に吹かれながらも咲く姿が印象的なことからつきました。花言葉も、そんな花の忍耐強さ、気高さ、力強さを表現したものです。

DATA
分類:キンポウゲ科ミスミソウ属
原産地:北半球の温帯(日本では主に西九州)
別名:ユキワリソウ(雪割草)、スハマソウ(州浜草)
開花時期:2〜4月　花色:白、ピンク、青、紫
香リ:無香

明るい春の訪れを告げる花
ミモザアカシア

花言葉

友情 秘めやかな愛
エレガンス

花言葉の「友情」は、たくさんの小さな花が集まって一つの花になっていることに、「秘めやかな愛」はネイティブアメリカンの男性が女性に愛を告げる花として使ったことに由来しています。なお、イタリアでは現在でも3月8日の「ミモザの日」に、男性が妻や恋人にミモザを贈って感謝する習慣があります。

DATA
分類:マメ科ミモザ属
原産地:オーストラリア
別名:ギンヨウアカシア、フサアカシア
開花時期:2〜4月　花色:黄　香リ:無香

Gymnaster

自己主張しないやさしい彩り
ミヤコワスレ（都忘れ）

花言葉
別れ　穏やかさ　しばしの別れ

承久の乱で佐渡に流された順徳天皇が、気品を感じさせるその花姿に心を慰められ、一時的に都を忘れることができたというエピソードから「都忘れ」とつけられました。花言葉もその逸話に由来しています。自己主張をしないやさしい彩りで、ノギクにも似た姿とその風情から江戸時代から愛されてきました。「江戸紫」「桃山」「瀬戸の白雪」など情緒ある品種名が多いのも特徴です。

DATA
分類：キク科ミヤマヨメナ属
原産地：日本
別名：ノシュンギク（野春菊）、
　　　アズマギク（東菊）、
　　　ミヤマヨメナ（深山嫁菜）
開花時期：4〜6月
花色：濃い紫、ピンク、白
香り：淡いキクの香り

Barley

世界最古の穀物の一つ
ムギ（麦）

花言葉
富　希望　豊作　繁栄

ヨーロッパでは麦わら帽子をかぶると幸運が訪れるという俗信があります。これは、麦が収穫の象徴であり、豊穣神セレスをはじめ、ギリシャの神々の持ち物とされていることに由来しており、花言葉からも、五穀豊穣の一つとして、豊かさ、繁栄のシンボルとされてきたことがわかります。陰暦4月の異称「麦秋（ばくしゅう）」は、古きよき日本の初夏の風景を表したものですが、これは秋に収穫する稲に対し、麦は初夏に収穫の季節を迎えることからきています。

DATA
分類：イネ科オオムギ属
原産地：中央アジアからコーカサス
別名：コゾクサ（去年草）、
　　　トシコシグサ（年越草）
開花時期：4〜5月
結実時期：5〜6月
花色：緑　香り：無香

春

Grape hyacinth

高貴な姿と香りで魅了する

ムスカリ

＊花言葉＊

失意 悲嘆

香りが強く、ギリシャ語で麝香を意味する「ムスク」から花名がつけられています。一度植えると、こぼれ種であちらこちらから芽を出して増えていく生命力のある球根植物で、オランダやイギリスの公園では、その性質を生かし、カーペットのように見事に群生させて咲かせているのを見かけることができます。ヨーロッパでは紫色は高貴さ、または悲しみを表しますが、花言葉は後者のほうからきているようです。

DATA

分類：ユリ科ヒヤシンス属
原産地：西アジアから地中海沿岸
別名：ブドウヒヤシンス（葡萄風信子）
開花時期：3〜5月
花色：紫、ピンク、白　香り：強い香り

Barberry

小鳥も寄せつけない鋭いトゲ
メギ(目木)

花言葉

激しい気性　気の強さ
気難しさ

茎を煎じて目薬に使ったことからこの名前があります。鋭いトゲがあるので、「ヘビノボラズ」などのおもしろい別名がついており、花言葉もトゲに由来しています。日本原産ですが、日本では注目されず、ヨーロッパで品種改良が進んだ植物で、花のきれいなもの、赤い葉や黄色い葉のものなど、いろいろな栽培品が逆輸入され生垣などに利用されてきました。秋に実る赤い実は、料理に使ったり果実酒にしたりしていただきます。

DATA
分類：メギ科メギ属
原産地：日本（関東以西、四国、九州）
別名：ヘビノボラズ（蛇上らず）、
コトリトマラズ（小鳥止まらず）
開花時期：4〜5月　花色：黄　香り：無香

春

Magnolia

春の空に恋するように咲く
モクレン(木蓮)

花言葉

自然への愛　持続性

花が蓮の花に似ているので木蓮（中国では「木蘭」と書く）と呼ばれるようになりました。一般にモクレンというと「紫木蓮」をさします。花を上向きに咲かせる姿が、空や自然をやさしく見つめているように見えることから「自然への愛」という花言葉が生まれたようです。

DATA
分類：モクレン科モクレン属　原産地：中国南西部
別名：モクレンゲ（木蓮華）、シモクレン（紫木蓮）
開花時期：3〜5月　花色：紫、白、黄、赤
香り：甘い香り

Peach

女の子の幸せを見守る
モモ(桃)

花言葉

気立てのよさ　天下無敵

不老長寿の木、邪気を払う魔除けの木として、古くから中国では庭に植えられてきました。『西遊記』の中で、孫悟空が盗み食いをした不老不死になるモモは、西王母（せいおうぼ）が3月3日の誕生日に食べるものであり、「桃の節句」が3月3日になったのは、この西王母の加護によって女の子が幸せに成長できるようにという願いが込められているからです。西王母に代表されるように、モモは昔から女性のシンボルで、そのイメージから花言葉の「気立てのよさ」が生まれ、「天下無敵」はモモに不老長寿の力があると信じられていたことに由来します。

DATA

分類：バラ科モモ属　原産地：中国
別名：ハナモモ（花桃）　開花時期：3〜4月
花色：ピンク、白、赤　香り：甘い香り

Cornflower

麦畑の中ではかなげに咲く
ヤグルマギク（矢車菊）

＊花言葉＊

繊細 優美 幸福 感謝

「こどもの日」の鯉のぼりの竿の一番先につける矢車に葉の形が似ているヤグルマソウが日本にはあるので、花形が似ているこちらは、「矢車菊」と呼ばれるようになりました。ヨーロッパでは古くから栽培されており、ツタンカーメンの副葬品として発見されたことや、マリー・アントワネットが好んだことも有名で、洋食器の人気模様の一つ「アングレーム・パターン」はこの花がモチーフです。麦畑の中にこぼれ種で咲く花で、その可憐な花姿が多くの人に愛され、「繊細」「幸福」といった花言葉が生まれました。

DATA
分類：キク科ヤグルマギク属
原産地：ヨーロッパ
別名：コーンフラワー
開花時期：4〜6月
花色：青、紫、ピンク、白、赤
香り：無香

Japanese rose

春の野山に黄金の花びらを散らす

ヤマブキ（山吹）

＊花言葉＊

気品　崇高　金運

この花の有名な逸話の一つとして、室町時代の武将太田道灌の話があります。にわか雨にあって蓑を借りに田舎の家を訪ねた道灌が、その家の娘に無言で山吹の枝を出され、声には出さなかったものの腹を立てて帰りました。ところが後に、『後拾遺和歌集』の歌「七重八重花は咲けども山吹の実の（蓑）一つだになきぞかなしき」（七重八重にヤマブキの花は咲いても、実が一つもつかないのは悲しいことです）の歌に託して、「我が家も悲しいことにお貸しできる蓑が一つもない」ということを伝えようとしたのだと知り、自分を恥じたという話です。花言葉は、色名にもなるほどきれいな黄金色の花色から生まれました。

DATA

分類：バラ科ヤマブキ属　原産地：日本、中国
別名：ヤマブリ（山振）　開花時期：4〜5月
花色：黄　香り：ほのかに甘い香り

Thunberg spirea

なごり雪のような花姿
ユキヤナギ(雪柳)

＊花言葉＊

静かな想い　愛らしさ　気まま

粉雪が降り積もったかのような小花が弓状に垂れて咲く様は、まさに「雪柳」の名がぴったりです。そんな雪のように白く、小さく、かわいらしい花の風情から花言葉もつきました。また、散った花が白い米を地面に散らしたように見えることから「小米花」とも呼ばれます。サクラのソメイヨシノと相性がよいことから、サクラ並木の下によく一緒に植栽されており、ピンクのサクラとユキヤナギの白い花が群れ咲く風景は絵のようです。

DATA
分類：バラ科シモツケ属
原産地：日本、中国
別名：コゴメバナ（小米花）
開花時期：3〜5月
花色：白、薄ピンク
香り：無香

春

Anemone keiskeana

今では希少となった春の妖精
ユキワリイチゲ(雪割一華)

＊花言葉＊

幸せになる

花名の「雪割」は、雪を割って花を咲かせることから、「一華」は、一本の茎に一輪の花をつけるという意味からつけられました。花言葉の「幸せになる」は、そんな花の一途で力強い姿に由来します。地下茎で増えて群生しますが、スプリング・エフェメラルの一つで、夏には枯れて地上から姿を消してしまいます。

DATA
分類：キンポウゲ科イチリンソウ属
原産地：日本（滋賀県から九州）
別名：ルリイチゲ（瑠璃一華）、ウラベニソウ（裏紅草）
開花時期：2〜4月　花色：薄紫　香り：無香

Lilac

北国に恋の季節を告げる
ライラック

＊花言葉＊

**友情 青春の想い出
紫／初恋 恋の芽生え
白／青春の喜び**

リラ（仏語）とも呼ばれます。寒さに強く、ヨーロッパをはじめとする北国の街の街路樹として人気の花木で、春の香りを街に振りまいてくれます。そのためか、フランスでは「リラの咲くころ」というと、一番よい気候のころを指します。花弁は4枚ですが、5枚のものを見つけると幸せになるという言い伝えがあり、さらに葉がハートの形をしていることから、恋にまつわる花言葉が生まれました。北海道札幌市の花になっており、毎年5月にライラック祭りが開かれます。

DATA
分類：モクセイ科ハシドイ属
原産地：ヨーロッパ南東部
別名：ムラサキハシドイ（紫丁香花）、リラ、ハナハシドイ（花丁香花）
開花時期：4〜6月
花色：紫、白、ピンク、青、赤
香り：甘い香り

Persian buttercup 春

美しい花びらのレイヤード
ラナンキュラス

＊花言葉＊

晴れやかな魅力 魅力的 名誉

秋植え球根の一つで、春になると次々にきれいな花を咲かせます。十字軍の遠征隊が西アジアからイギリスに持ち帰ったのが始まりといわれ、花名はラテン語で蛙という意味です。葉の形が蛙の足に似ていることや、蛙が多く住んでいる湿地に生えることに由来しています。花言葉は、明るく鮮やかな花びらがカップ状に重なって咲く魅力的な姿から生まれました。庭花としても、切り花としても、主役となる存在感を持っています。

DATA

分類：キンポウゲ科キンポウゲ属
原産地：西アジア、ヨーロッパ南東部、地中海沿岸
別名：ハナキンポウゲ（花金鳳花）
開花時期：4～5月
花色：ピンク、オレンジ、赤、白、黄、紫
香り：無香

Leucocoryne

球根植物のニューフェイス

リューココリネ

＊花言葉＊

温かい心　貴婦人
慎重な愛　信じる心

日本にやってきてまだ歴史の浅い球根植物で、鉢植えや切り花として人気です。独特な花色を持ち、茎がすっきりとしていて細い割には花が大きいので、見る人の目を引きつけます。花言葉の「温かい心」は花の中心が赤色に変化していることから、「貴婦人」は、スラリとした茎の上に咲いた花が、大きな帽子をかぶった貴婦人のように見えることからついたものです。

DATA
分類：ユリ科リューココリネ属
原産地：チリ　別名：レウココリネ、グローリー・オブ・ザ・サン
開花時期：4〜5月　花色：紫、白
香リ：淡い香り

Apple blossom

花も実も世界中で愛される

リンゴ（林檎）

＊花言葉＊

花／名声　選ばれた恋
実／誘惑

林檎の「檎」は、中国語では本来、鳥の意味で、この実を目当てに林の中に鳥がたくさん集まったことからこの名前がついたといわれています。花言葉の「名声」は、息子の頭にのせたリンゴを見事に射抜いたスイスの英雄ウイリアム・テルの伝説に由来。「選ばれた恋」は、ギリシャ神話の「パリスの審判」で、3人の女神のうち最も美しい女神に黄金のリンゴを与えたという話から。そして「誘惑」は、だれもが知る旧約聖書のアダムとイブの物語からきたものです。

DATA
分類：バラ科リンゴ属
原産地：中央アジア　別名：──
開花時期：4〜5月　花色：薄ピンク、白
香リ：リンゴの実の香り

レース編みのような繊細な表情
レースフラワー

＊花言葉＊

可憐な心　感謝　ほのかな思い

白く小さな花がレース編みのように無数についている様子が美しく、高貴な印象を持つ花です。英名の"Bishop's weed"（司教の草）も、純白の花の清潔な印象からきたのでしょう。そうしたイメージの一方で、別名のドクゼリモドキは有毒植物のドクゼリに似ていることからつけられた名前ですが、レースフラワーに毒はなく、むしろハーブとしてヨーロッパでは古くから利用されており、花言葉の「感謝」はそれに由来しています。

DATA
分類：セリ科アンミ属　原産地：地中海沿岸、西アジア　別名：ドクゼリモドキ(毒芹擬き)
開花時期：4〜6月　花色：白　香り：無香

Bishop's weed

Golden bells

あたたかい春風と仲良し
レンギョウ（連翹）

＊花言葉＊
希望　遠い記憶

まだ風が冷たい早春に、小さな黄花を枝もたわわに咲かせ、その後、あたたかい春風とともに黄緑色のやさしい葉を出します。また秋になると実る果実には強い抗菌作用があり、漢方薬として用いられます。花言葉の「希望」は、空に向かってまっすぐに枝を伸ばして咲く姿から、「遠い記憶」は、香りをかぐと、その季節の記憶を思い出すことから生まれました。丈夫で育てやすいため、生垣や道路の分離帯などにもよく植えられており、寒さにも強いことから、オランダやドイツなどの寒い国でも多く見かけます。

DATA
分類：モクセイ科レンギョウ属
原産地：中国
別名：レンギョウウツギ（連翹空木）
開花時期：3〜4月　花色：黄
香り：甘い香り

Forget-me-not

春

記憶の中にやさしくひそむ
ワスレナグサ（勿忘草）

＊花言葉＊
私を忘れないで　真実の愛

花名、花言葉ともに、ドナウ川の岸辺に咲くこの花を、騎士ルドルフが恋人ベルタのために採ろうとして誤って河に落ち、その時に花を恋人に投げながら、「私を忘れないで」と言い残したという悲しい逸話からきています。学名ミオソティスは、やわらかい毛におおわれた細長い葉が、ハツカネズミの耳に似ていることを表したギリシャ語を語源にしたものです。日本の夏は苦手で、春に咲く一年草として扱われますが、涼しい地域では夏いっぱい咲いてくれます。

DATA
分類：ムラサキ科ワスレナグサ属
原産地：ヨーロッパ
別名：フォーゲットミーノット、
ヒメムラサキ（姫紫）、ルリソウ（瑠璃草）
開花時期：3〜5月
花色：青、紫、ピンク、白
香り：無香

季節の花あしらい
Spring

スズランとクリスマスローズ、ナズナの春を呼ぶブーケ

春の野原の一部をそのまま切り取ったようなナチュラルなブーケです。スズランは緑色の葉を多めに残し白い小花の可憐さを引き立てます。緑のクリスマスローズをたっぷり合わせ、ナズナでさらにやさしい雰囲気に。さり気ないなかにも贅沢感があふれています。

使用した花材

- スズラン（左）……… 20本
- クリスマスローズ（中央）……… 3本
- ナズナ（右）……… 10本
- 麻紐 ……… 約50cm

How to arrange

ポイント 3種類の花材を束ごと合わせ、丸い形にそろえてから茎を切りそろえます。

1 ナズナは、下のほうの葉を指でしごいてとります。

2 スズランの花が偏らないように注意しながら束にします。

3 クリスマスローズを束にしてスズランと合わせます。

4 ナズナを束ごと、スズランとクリスマスローズの間に入れます。花全体が丸いブーケになるように整えてから、茎をそろえます。

5 花の根元で麻紐をしっかり巻いて結び留めます。

6 茎を切りそろえてから、P187を参照してラッピングします。

ブーケに合う花器を選ぶ

花器選びのちょっとしたポイントで、ブーケの魅力が引き立ちます。

花器の1.5〜2倍弱　花器

花器の高さ1に対して上の花が1.5〜2倍弱ぐらいの長さがバランスよく見えます。

花器の1倍以下　花器

花器の高さ1に対して上の花が1倍以下だとブーケが引き立ちません。

ガラスや素焼きなどの素朴な器は、ナチュラルなブーケを引き立てます。

表面に光沢があるセラミック素材は、ナチュラルなブーケとは合いません。

| Lesson 2 | ブーケをいただいたら |

ラッピングをはずしてすぐに花器にさしますが、その前に一手間かけます。

1 茎の先全体を0.5～1cm程度切りそろえます。

2 **1**よりも短い茎があったら、同様に0.5～1cm切ります。

3 ブーケを結んでいる位置まで浸かるくらい、たっぷり水を入れます。

| Lesson 3 | ブーケを長く楽しむ |

1日でも長く美しい花との暮らしを楽しむために長持ちのコツをご紹介します。

1 寒い季節なら約1週間、暑い季節なら3～4日を目安に束をばらして元気な花は茎先を水切りします。

2 弱っている花は、花の部分をハトロン紙（新聞紙でも可）にくるみます。茎は出しておきます。

3 茎を水の中に入れて先端を水切りします。

＼花の数が少なくなってきたら／

＼茎が傷んでしまったら／

4 そのまま半日～1日、水に浸けて水揚げします。

小さな花器に替えて楽しみます。

最後は花首だけを水に浮かべて楽しむこともできます。

水の入れ替え

正しい水の入れ替え方を知っておきましょう。

ポイント1 活力剤を使う

水替えのたびに活力剤を与えます。ない場合は、漂白剤、十円玉、炭などで代用可能です。

ポイント2 花茎と花器を洗う

水に浸かっていた花茎は流水で洗います。花器は、スポンジに洗剤をつけてしっかり洗います。

ポイント3 水の温度に注意

手に触れて冷たいと感じる温度が目安です。夏は水替えのたびに氷を1つ入れるとよいでしょう。

吸水フォームの場合

水替えはできないので、フォームが乾かないうちに水を足していきます。

1 吸水フォームの周りの水が半分以下になったら水やりのサイン。

2 水さし（ペットボトルでも可）に水と活力剤を入れます。

3 傷んだ花は取り除きます。

4 容器の7〜8分目まで水を足します。

5 元気な花は、抜き取って茎先を切り戻します。

6 吸水フォームの穴のないところに新たに刺し直します。

夏の花

Yarrow

魔除け効果でウエディングの花にも
アキレア

花言葉

まごころ 治療 戦い 勇敢

ギリシャ神話の英雄「アキレウス」が、兵士の傷の手当てに使ったという伝説が花名の由来です。傷薬や痛み止めとして古くから用いられたので、花言葉も戦いや治療に関する言葉がついており、今でも薬用効果のあるハーブとして利用されています。また、ヨーロッパでは、葉がノコギリの形に似ていることから、悪魔を遠ざける力があると信じられていて、結婚式の花束になることも。害虫を避ける効果があるので、庭に植えておくとコンパニオンプランツになります。

DATA
分類：キク科ノコギリソウ属
原産地：北半球の温帯（日本のものは白花）
別名：ノコギリソウ（鋸草）、ヤロウ
開花時期：5〜8月
花色：赤、オレンジ、ピンク、黄、白
香り：無香

Floss flower

夏

ふわりとやさしい花びらの感触
アゲラタム

＊花言葉＊
信頼 安楽 幸せを得る

初夏から秋まで色あせることなく次々と花を咲かせることから、「年をとらない花」という意味のギリシャ語「アゲラス」が花名の由来になっています。花言葉は丈夫で花期が長い性質をイメージしたものです。ふわっとしたモヘアのような花びらの感触が独特で、花壇やフラワーアレンジメントに上品であたたかい雰囲気を添えてくれます。

DATA
分類：キク科カッコウアザミ属
原産地：熱帯アメリカ
別名：カッコウアザミ（郭公薊）
開花時期：5～10月
花色：青紫、紫、白、ピンク
香り：無香

Morning glory 夏

日本の夏の清涼剤
アサガオ

＊花言葉＊

はかない恋 愛情 固い絆

種に下剤や利尿剤の効能がある貴重な薬として、遣唐使によって日本に持ち込まれた植物で、江戸時代には、変化朝顔のブームが起こりいろいろな変わり咲きの品種がつくられました。朝に咲いて昼にはしぼんでしまうことから「はかない恋」という花言葉が生まれ、「愛情」「固い絆」は、支柱にしっかりとツルをからませていることに由来します。最近は、昼間も咲いている琉球朝顔が、緑のカーテンとして使われているのをよく見かけるようになりました。東京の入谷鬼子母神の朝顔市が、夏の風物詩として、毎年七夕の頃に開かれるのは有名です。

DATA
分類：ヒルガオ科サツマイモ属
原産地：熱帯アジア、ヒマラヤ
別名：ケンゴシ（牽牛子）
開花時期：7〜9月
花色：青、紫、赤、ピンク、白、絞りなど　香り：無香

Hydrangea

七変化をしながら秋色に
アジサイ（紫陽花）

花言葉

移り気 冷酷 辛抱強さ

日本原産の植物ですが、ヨーロッパに渡って品種改良されたものが主力として出回っています。咲き始めから花色がどんどん変化するため「移り気」、花色のクールな印象から「冷酷」、花期の長さから「辛抱強さ」という花言葉がつきました。鎖国時代に長崎に来日したドイツ人医師シーボルトが、花の大きなアジサイを、「お滝さん」と呼んで愛した妻・楠本滝（くすもとたき）の名前からとり、「オタクサ」としてヨーロッパに紹介したことはほほえましい話で、「辛抱強さ」の花言葉は、辛抱強く夫を愛し続けたお滝さんのイメージからつけられたという説もあります。英名の"Hydrangea"は、ギリシャ語で水の器という意味です。

DATA
分類：アジサイ科アジサイ属
原産地：日本
別名：シチヘンゲ（七変化）、ショウカ（紫陽花）、テマリバナ（手毬花）
開花時期：6〜7月
花色：青、紫、赤、ピンク、白、複色など
香り：無香

夏

China aster

花びら一枚一枚に乙女の祈りが
アスター

＊花言葉＊

追憶　変化　　赤／変化
ピンク／甘い夢　白／信じて下さい
紫／恋の勝利　　青／信頼

「愛している、愛していない」などと花びらを一枚一枚ちぎっていく占いに使われるのはこの花で、花言葉の一部はそれに由来しています。中世中国からヨーロッパに種が渡ったことで品種改良が進み、アメリカ経由で日本に渡ってきました。「変化」という花言葉は、多用な色、花形があることからきています。暑さに弱く、北海道など寒い地方で元気に育つため、エゾギクとも呼ばれています。

DATA
分類：キク科エゾギク属　原産地：中国北部
別名：エゾギク（蝦夷菊）　開花時期：7～9月
花色：青、紫、赤、ピンク、白、オレンジ、黄など　香り：無香

Astilbe

日陰に彩りをもたらす
アスチルベ

＊花言葉＊

恋の訪れ　控えめ　気まま

野生種は白や淡いピンクで、花一つひとつが小さく地味で目立たないことから、花名は、ギリシャ語で「輝きがない」という意味です。しかし、20世紀初めにドイツで品種改良され、花姿も大ぶりになり華やかな色が増えたことで、世界中に広がりました。花言葉の「恋の訪れ」は、花が少ない半日陰の場所でも、ふわふわときれいな花を咲かせることに由来します。

DATA
分類：ユキノシタ科アスチルベ属
原産地：東アジア、北アメリカ
別名：ショウマ（升麻）、アワモリソウ（泡盛草）、アケボノショウマ（曙升麻）
開花時期：5～7月
花色：白、ピンク、赤
香り：無香

Masterwort

空に輝く星のような花
アストランティア

＊花言葉＊
愛の渇き 星に願いを

地面を覆うように淡いピンクや白の花をたくさん咲かせます。アスターと同様、ギリシャ語で星を意味する「アストラ」が花名の語源になっていますが、星形に見えるのは苞(ほう)と呼ばれる部分が変化したもので、本当の花はその中心から無数に突き出ている部分です。かわいらしい形なので切り花としても人気で、ドライフラワーにも向いています。花言葉は、乾燥しやすいことから「愛の渇き」、花の形から「星に願いを」がついたようです。

DATA
分類：セリ科アストランティア属
原産地：ヨーロッパ、西アジア
別名：マスターウォート　開花時期：5〜7月
花色：白、ピンク　香り：無香

Abelia

強運を呼び込むとされる常緑低木

アベリア

＊花言葉＊

強運　謙虚

イタリアでつくられた園芸品種です。性質が丈夫で刈り込みにも負けずに花が咲き、病害虫もほとんどなく、その生命力の強さから「強運」という花言葉が生まれました。また、もう一つの「謙虚」は、小さな花が葉に隠れるように奥ゆかしく咲く姿からきています。赤い萼片（がくへん）の上にウツギに似た釣り鐘状の花がつくのが特徴で、この萼片の形がお正月遊びに使う羽子板の「衝羽根（つくばね）」に似ていることから、花衝羽根空木（はなつくばねうつぎ）という別名がついています。

DATA
分類：スイカズラ科ツクバネウツギ属
原産地：中国
別名：ハナツクバネウツギ（花衝羽根空木）
開花時期：5〜11月
花色：白、ピンク、黄
香り：甘い香り

Siberian iris

清らかな女神イリスの化身
アヤメ(菖蒲)

＊花言葉＊
よい便り　希望

「いずれアヤメかカキツバタ」。どちらも似ていて美しく甲乙がつけにくいという意味の言葉ですが、アヤメは花びらに黄色い縞模様が入り、カキツバタは花びらに白い模様が入っています。ギリシャ神話では、神ゼウスの侍女イリスがゼウスの求愛から逃れるために、ゼウスの妻ヘラにお願いして虹を渡る使者へ姿を変えてもらったという伝説があり、虹のようにさまざまな色を咲かせるアヤメは、イリスの化身といわれています。

DATA
分類：アヤメ科アヤメ属
原産地：日本　別名：アイリス
開花時期：5月
花色：紫、白　香り：無香

Allium

夏

1000個の小花の集まり
アリウム

＊花言葉＊
円満な人柄　不屈の心
正しい主張

太い茎に、大きいものでは子供の頭ほどの丸い桃色の花を咲かせる、とても個性的な球根植物です。花は、1000個ほどの小さな花の集まりで、その姿から「ネギ坊主」と親しまれており、花言葉の「円満な人柄」は丸い花姿に、「不屈の心」「正しい主張」はまっすぐに伸びる茎の姿に由来しています。また、アリウムという花名は「におい」という意味のラテン語が語源。その名の通りネギのにおいを放ち、害虫を遠ざけるコンパニオンプランツとして、花壇で活躍する頼もしい植物です。

DATA
分類：ユリ科アリウム（ネギ）属
原産地：中央アジア
別名：ギガンチウム
開花時期：5〜7月
花色：紫がかったピンク
香り：ほのかにネギの香り

Tail flower

Iwa-tsumekusa

岩に寄り添って咲く初々しい小花
イワツメクサ(岩爪草)

＊花言葉＊
初恋　奥ゆかしさ

高山の岩陰に寄り添って白い小さな花をいっぱい咲かせる、かわいらしい植物です。初々しい花の姿から「初恋」、岩陰にひっそりと咲くことから「奥ゆかしさ」という花言葉がつきました。ナデシコ科なので2枚の細い葉が向かい合って生えており、その葉が鳥の爪に似ていることから、「大葉爪草」という別名があります。

▶ DATA
分類：ナデシコ科ハコベ属
原産地：本州中部の亜高山、高山
別名：オオバツメクサ(大葉爪草)
開花時期：7〜9月　花色：白
香リ：無香

赤いハートの形は情熱の象徴
アンスリウム

＊花言葉＊
恋にもだえる心　煩悩

ハート形を逆さにしたような真っ赤な花が、1カ月以上も咲き続けて楽しませてくれます。花言葉は、その情熱的な花の形が恋い焦がれている心を連想させることからきていますが、ハート形に見えるのは、実はサトイモ科植物独特の仏炎苞で、花は真ん中の円筒形の部分です。花の先端が尾のように突き出ているため、"Tail flower"(尾の花)という英名がついています。

▶ DATA
分類：サトイモ科アンスリウム属
原産地：熱帯アメリカ
別名：オオベニウチワ(大紅団扇)
開花時期：5〜10月　花色：赤、白、ピンク、黄、オレンジほか　香リ：無香

Slender deutzia 夏

夏の到来を告げる季節の風物詩
ウツギ(卯木)

＊花言葉＊

古風　風情　秘密

唱歌「夏は来ぬ」でも知られる初夏を告げる白い花です。かつては家の生垣によく使われていた落葉低木で、旧暦4月（卯月）、今でいう5〜6月に咲くことから、「卯月の花」＝「卯の花」とも呼ばれます。名前の由来は「空木」で、茎の中心が空洞なためにつけられました。花言葉の「古風」や「風情」は花の奥ゆかしい姿から、「秘密」は家の境界線として生垣に使われていたことからきたようです。

DATA

分類：アジサイ科ウツギ属
原産地：日本（北海道南部から九州）、東アジア
別名：ウノハナ（卯の花）
開花時期：5〜6月
花色：白、ピンク、黄、赤
香り：ほのかな香り

Sea holly

シルバー色を帯びた神秘的な花
エリンジウム

＊花言葉＊

光を求める　秘密の愛
秘めた思い

銀色味を帯びた長い萼片(がくへん)の中に、銀青色のアザミに似た花を咲かせる姿が個性的で、花言葉も、葉のイメージから「光を求める」が、トゲトゲした花や葉が、大切な秘密を守っているようにも見えることから「秘密の愛」「秘めた思い」がつきました。アレンジメントにも人気ですが、逆さに吊るしておくとドライフラワーにもなります。なお、花が枯れたあと、根に生えるキノコが、食卓でもおなじみの「エリンギ」です。

夏

DATA
分類：セリ科エリンギウム属
原産地：ヨーロッパ、西アジア
別名：マツカサアザミ（松毬薊）
開花時期：6〜8月
花色：白、青、紫　香リ：無香

Cutleaf coneflower

手の平を広げたような黄花
オオハンゴウソウ（大反魂草）

＊花言葉＊

あなたを見つめる
正しい選択　公平　正義

明治の中頃に切り花として北アメリカから渡来し、今では、日本のあちらこちらで野生化しています。花言葉の「あなたを見つめる」は花の中心が盛り上がって目に見えることから、また「正しい選択」「公平」「正義」は、花が弁護士のバッジに見えることから。花名の中の「反魂」とは、「死者の魂を呼び戻す」という意味で、手の平のように切れ目が入る葉が幽霊の手に見えることからつけられました。

DATA
分類：キク科ルドベキア属
原産地：北アメリカ　別名：ルドベキア
開花時期：7〜10月　花色：黄、えび茶
香り：無香

Omurasakisikibu

紫式部のように凛と咲く
オオムラサキシキブ（大紫式部）

＊花言葉＊

古風　秘密　風情

ムラサキシキブよりも大柄で実も大きいことから名づけられました。花は淡い紫色で、濃い紫色の実が枝いっぱいにつきます。その色が『源氏物語』の作家、紫式部と重なり、花言葉も彼女のイメージからつけられています。実はあまりおいしくないらしく鳥も食べないので、長く観賞できます。

DATA
分類：シソ（クマツヅラ）科ムラサキシキブ属
原産地：日本（神奈川県、房総半島以南）、台湾、朝鮮半島　別名：──
開花時期：6〜7月　花色：白、薄紫
香り：ほのかな芳香

ラッパのようなキュートな花形
オシロイバナ（白粉花）

＊花言葉＊

臆病　内気

暑い夏の日の夕方にひっそりとラッパ状の花を咲かせる様から「臆病」「内気」などの花言葉がつけられました。一つの株で、自由にさまざまな色の花を咲かせ、また日によって花色が異なるという、とてもめずらしい植物です。花のあと、2〜3mm程度の真っ黒な丸い種をつけ、それを押しつぶすと中から花名の由来でもある真っ白な粉が出てきます。夕方4時ごろに花を咲かせるので、英名は"Four-o' clock"（4時）、別名は「夕化粧（ゆうげしょう）」とつけられました。

DATA
分類：オシロイバナ科オシロイバナ属
原産地：熱帯アメリカ　別名：ユウゲショウ（夕化粧）、フォーオクロック　開花時期：7〜10月
花色：白、ピンク、複色など　香り：甘い香り

Four-o' clock

Columbine

勇気を与え勝利に導く
オダマキ（苧環）

＊花言葉＊

勝利　愚か　紫／勝利への決意
赤／心配　白／気がかり

花名は、花の形が麻糸を巻く苧環に似ていることからつけられました。ヨーロッパでは葉を手にこすりつけると勇気が出ると信じられ、「勝利」という花言葉がつけられています。また、英名の"Columbine"（鳩のような）は、ヨーロッパの道化芝居に登場する道化役の娘と同じ名で、そのことから「愚か」という花言葉もついています。

夏

DATA
分類：キンポウゲ科オダマキ属
原産地：日本を含むアジア、ヨーロッパ
別名：イトクリソウ（糸繰草）、アクイレギア　開花時期：5〜6月
花色：紫、赤、白、ピンク
香り：無香

Wood sorrel

昼に咲き、夜は眠る花
カタバミ(片喰)

＊花言葉＊

喜び 輝く心 母のやさしさ

葉や茎を噛むと独特の酸っぱい味がします。これはシュウ酸と呼ばれる成分を多く含んでいるからで、別名のオキザリスもラテン語で「酸っぱい」を意味しています。花名は、葉の片側が食べられたように欠けていることから「片喰」が転じたという説、片葉が3つあることから「片葉三」が転じたという説も。北半球では、キリスト教の復活祭の時期にこの花をつけることから、「喜び」の花言葉がつきました。また、光り輝く昼に咲き夜にはとじてしまう性質から、「輝く心」という花言葉もあります。

DATA
分類：カタバミ科カタバミ属
原産地：温帯から熱帯地域全域
別名：オキザリス、スズメノハカマ(雀の袴)
開花時期：5〜10月　花色：黄、ピンク、赤
香リ：無香

Japanese bush cranberry

夏

赤い実は神様からの贈り物
ガマズミ(莢蒾)

＊花言葉＊

結合　私を無視しないでください

人里近い山で真っ白な目立つ花を咲かせ、夏には房状になった赤い実をたわわにつけます。熟した果実はそのままでもおいしくいただけますが、焼酎に漬ければ果実酒にも。花名の由来は諸説あり、実に酸味があるため「噛み酢実」が転じたとも、人に役立つ植物として「神つ実」が転じたともいわれています。花言葉の「結合」は、昔は染料になり衣類を染めたことから、「私を無視しないでください」は「神つ実」といわれるほど役立つ植物であることからきています。

▶DATA
分類：スイカズラ科ガマズミ属
原産地：日本、中国、朝鮮半島
別名：ヨウゾメ　開花時期：5〜6月
花色：白　香り：無香

優雅なラインのタテ巻き花びら
カラー

＊花言葉＊

乙女のしとやかさ　清浄

花名は、ワイシャツの襟(カラー)に似ているのでつけられたという説、ギリシャ語の「美しい＝カロス」からきたという説があります。また、ギリシャ神話で、結婚や母性を司る女神ヘラが、子に母乳を与えていたときにこぼれたところから咲いたのがこの花という伝説があり、「乙女のしとやかさ」「清浄」といった花言葉や、ブライダルの花にふさわしいイメージはそこからついたようです。花びらのように見えるものは、葉が変化した苞(ほう)と呼ばれるもので、本当の花は真ん中の黄色い棒状の部分です。尾瀬で有名なミズバショウもこの仲間です。

DATA
分類：サトイモ科ヒメカイウ属　原産地：南アフリカ
別名：オランダカイウ(阿蘭陀海芋)　開花時期：5〜6月
花色：白、ピンク、黄、オレンジ　香り：無香

夏

Canna

暑い夏に負けない情熱の花
カンナ

＊花言葉＊

情熱　永遠　妄想　快活

コロンブスの新大陸発見以後にヨーロッパに持ち込まれた植物の一つです。暑い夏に咲くカンナの花は、その誇らしげな姿から「情熱」や「快活」、幻想的な印象から「妄想」といった花言葉がつけられました。ミャンマーの伝説では、仏陀の力に嫉妬した悪霊が投げつけた大岩の破片によって仏陀はケガをしてしまい、その血が流れ落ちたところから咲いた花が、真っ赤なカンナだったといわれています。

DATA
分類：カンナ科カンナ属
原産地：熱帯アメリカ、熱帯アジア
別名：ハナカンナ
開花時期：7〜9月
花色：赤、ピンク、黄、白
香リ：無香

Balloon flower

紫色の花の代表格
キキョウ(桔梗)

花言葉

永遠の愛　誠実　従順

『万葉集』で秋の七草の一つとして歌われている「朝貌」はキキョウのことではないかといわれています。花名がそのまま色名にもなるほど日本女性好みの紫色で、古くから愛されている花の一つです。花言葉の「永遠の愛」「誠実」「従順」は、徴兵された夫を10年間待ち続けた妻が、帰ってくるという日に宴の準備をしていたところ、夫に別の男と結婚したと思われてしまい、自身の潔白を示すために自害し、そして、本当のことを知った夫も悔やんであとを追ったという、夫婦の愛の物語からきています。

DATA
分類：キキョウ科キキョウ属
原産地：日本、朝鮮半島、中国
別名：オカトトキ（岡止々岐）
開花時期：6〜9月
花色：紫、白、ピンク
香リ：無香

夏

Yellow flag iris

水辺に咲く黄色の花
キショウブ（黄菖蒲）

＊花言葉＊
音信　友情　幸せをつかむ

西ヨーロッパ原産で、明治時代に観賞用として日本に入ってきた花で、今では、帰化植物として全国の湿地や水辺で見られます。葉や花の形は、ショウブに似ていますが、ショウブにはない鮮やかな黄色で、開花の時季も少しずれます。フランスでは3枚の大きな花弁が垂れ下がっている姿が、キリスト教の教義の一つ「三位一体」の象徴とされ、フランス王家の紋章にもなっています。

DATA
分類：アヤメ科アヤメ属
原産地：西アジアからヨーロッパ
別名：イエローアイリス
開花時期：5〜6月　花色：黄
香り：無香

Victory onion

山間にひっそりと咲く山菜の王様
ギョウジャニンニク（行者大蒜）

＊花言葉＊
深い悲しみ

その名の通り、行者が修行中に体力をつけるために食べたといわれるほど栄養価の高い山菜の王者です。イギリスでは春になると、この花が一面に白いカーペットのように咲いている風景が出現しますが、日本では最近、乱獲のせいか、山でもあまり見かけなくなりました。国内最大の自生地北海道では、かつてアイヌの人々の間で、そのにおいが魔物を払うと信じられていましたが、ヨーロッパでも薬用や魔物払いに使われてきたようです。

DATA
分類：ネギ（ユリ）科ネギ属
原産地：日本（近畿地方から北海道）、サハリン　別名：アイヌネギ
開花時期：5～7月　花色：白
香り：強いニンニク臭

Rose bay

危険なまでに美しい
キョウチクトウ（夾竹桃）

＊花言葉＊
危険な愛　用心　危険

非常に強い毒をもった植物で、すべての花言葉はその危険性からきています。毒性は青酸カリよりも強いとされて、枝を燃やした煙ですら毒性がある反面、性質は非常に丈夫で、道路や工場の緑地によく使われています。広島では原爆が投下されたあと草木も生えないといわれましたが、この花がいち早く咲いたことで、復興のシンボルとして広島市の花に指定されています。

DATA
分類：キョウチクトウ科キョウチクトウ属
原産地：インド　別名：オレアンダー
開花時期：7〜9月
花色：ピンク、白、赤、黄、オレンジ
香り：無香

Snapdragon

夏

金魚形の花がチャーミング
キンギョソウ（金魚草）

＊花言葉＊

おしゃべり　おせっかい
出しゃばり　大胆不敵

花名はどれも変わった花の形からきており、花名のキンギョソウは、花の形を金魚の尾ひれに、英名の"Snapdragon（スナップドラゴン）"は、噛みつくドラゴンの口に、学名の"Antirrhinum（アンテリナム）"は、鼻の形に見立てています。花言葉も花が口の形に似ていることが由来です。また、ドイツでは昔、この花をぶらさげておくと、魔除けになるという言い伝えがありました。

DATA

分類：オオバコ科キンギョソウ属
原産地：南ヨーロッパ、北アフリカの地中海沿岸
別名：スナップドラゴン　開花時期：5～7月
花色：白、ピンク、黄、オレンジ、赤
香り：甘い香り

Orchid cactus

Gardenia

夏

数日間のはかない命
クジャクサボテン(孔雀仙人掌)

＊花言葉＊
はかない夢　艶やかな美人
一途な恋　幸せをつかむ

昆布のような平たくて薄い茎から、孔雀が羽根を広げるように大きな美しい花を咲かせます。数日間の短命な花ですが、その艶やかさから古くから親しまれていて、花言葉も、短い命でありながら精一杯に咲き誇る花の姿をイメージしたものがついています。仲間には一夜限りの真っ白な花を咲かせる「月下美人」や、とてもおいしい「ドラゴンフルーツ」があります。

DATA
分類：サボテン科クジャクサボテン属
原産地：中南米
別名：オーキッド・カクタス
開花時期：5〜6月
花色：赤、ピンク、オレンジ、白
香り：無香

庭を甘い香りで包み込む
クチナシ(山梔子)

＊花言葉＊
喜びを運ぶ　優雅　とても幸せ

夏の昼下がりに甘い香りを漂わせます。茜色の実がなりますが、熟しても割れないので「口無し」と呼ばれるようになったといわれており、花名はこれが転じたものです。この実は黄色の染料として料理の色づけに使われたり、漢方薬として使われたりしてきました。また、ヨーロッパでは男性が女性に贈る花の定番で、贈られた女性の気持ちがそのままいつくかの花言葉になっています。

DATA
分類：アカネ科クチナシ属
原産地：東アジア、日本（静岡県以南）
別名：ガーデニア　開花時期：6〜7月
花色：白　香り：ジャスミンのような甘い香り

Sword lily

剣のような葉に守られて咲く
グラジオラス

＊花言葉＊

密会　思い出　忍び逢い
赤／用心深い
ピンク／ひたむきな愛
紫／情熱的な恋

明治時代にオランダから渡ってきた球根植物です。葉の形がするどく尖っていることから、ラテン語で剣を意味するグラジオラスと呼ばれ、花がユリの形に似ていることから、英名では"Sword lily"（剣のユリ）と呼ばれています。ヨーロッパでは、昔、人目を忍ぶ恋人たちがこの花をカゴに入れたり花束にしたりしてそっと相手に渡し、花の咲いている数で逢い引きの時間を知らせていたといわれており、その話から花言葉の「忍び逢い」「用心深い」が生まれました。

DATA

分類：アヤメ科グラジオラス属
原産地：南アフリカ、地中海沿岸
別名：オランダショウブ（阿蘭陀菖蒲）、トウショウブ（唐菖蒲）
開花時期：6〜9月
花色：白、ピンク、青、紫、赤
香り：無香

Drumstick

夏

草原の夏を彩る黄色
グラスペディア

＊花言葉＊

永遠の幸福
心の扉をたたく 個性的

オーストラリアの草原に生えている乾燥に強い花です。切り花を風通しのよい所に置いておくだけでドライフラワーになる反面、湿気と寒さに弱いので、本来は多年草ですが日本では一年草扱いです。細くまっすぐな茎に、初夏から次々と黄色の愛らしい花を咲かせ、その形がドラムをたたくスティックの形に似ていることから花言葉の「心の扉をたたく」が、ドライフラワーとして長く楽しめることから「永遠の幸福」が生まれました。

DATA
分類：キク科グラスペディア属
原産地：オーストラリア
別名：ゴールデンスティック、イエローボール
開花時期：6～10月
花色：黄　香り：無香

Clematis

初夏の庭を幻想的に彩る
クレマチス

＊花言葉＊
精神美 旅人の喜び
策略 高潔

世界のあちらこちらに分布している花で、日本には真っ白な花の「カザグルマ」と呼ばれる野生種があります。細いツルをぐんぐんと伸ばし、大きく鮮やかな花を次々と咲かせることから、内側に秘めたパワーをたたえ「精神の美」という花言葉がつきました。「旅人の喜び」は、かつ

夏

てヨーロッパの宿の玄関先などによく植えられ、旅人の疲れを癒したことからきています。園芸品種の多くは見応えのある大輪種ですが、最近は釣り鐘状の小さな花を下向きに咲かせる奥ゆかしいものも人気です。

DATA
分類：キンポウゲ科クレマチス属
原産地：日本、中国、ヨーロッパ、北アメリカ他世界各地
別名：テッセン（鉄線）、カザグルマ（風車）
開花時期：5〜10月
花色：青、紫、白、赤、黄など
香り：無香

Cockscomb   *Pomegranate*

独特な花姿で存在感を与える
ケイトウ(鶏頭)

花言葉

おしゃれ　情愛
風変わり　個性

花名は読んで字のごとく、赤いベルベットのようなフリル部分が、鶏のトサカに似ていることからつけられ、英名の"Cockscomb(コックスコーム)"も、意味は「雄鶏のトサカ」、別名のセロシアは、ギリシャ語の「燃えた」が語源です。その個性的な花姿と、いかにもインド原産といったエキゾチックな色から花言葉がつきました。トサカのように見える部分は、実は茎が変化したもので、実際の花はその下に小さく密生しています。

DATA
分類：ヒユ科ケイトウ属
原産地：熱帯アジア、インド
別名：セロシア
開花時期：8〜12月
花色：赤、オレンジ、ピンク、白　香り：無香

優美な花のあとに楽しみが
ザクロ(石榴・柘榴)

花言葉

優美　愚かしさ　子孫の守護

男性に混じって女性が一人いることを「紅一点」というのは、この花が林に一輪咲いている様子を、中国の詩人が詩に詠んだことが由来です。「優美」は花の風情から、「子孫の守護」は、実が子孫繁栄と豊穣の象徴という考えからきています。

DATA
分類：ミソハギ科ザクロ属
原産地：イラン、トルコ、アフガニスタン
別名：セキリュウ(石榴)　開花時期：6〜7月
花色：赤、白　香り：無香

Macranthum azalea

江戸時代から愛されてきた
サツキ(皐月)

＊花言葉＊

節約　貞淑

本来は赤一色でしたが、江戸時代以降に品種改良され、「色変わり」や「咲き分け」といった多種多様な花姿が誕生しました。「節約」は、乾燥に強く水分を多く必要としないツツジ科の植物の性質に由来し、「貞淑」は、ツツジが葉よりも先に花をつけるのに対し、葉のあとに花を咲かせることから、夫のあとにつき従う貞淑な妻をイメージしたようです。

DATA
分類：ツツジ科ツツジ属　原産地：日本（暖地）
別名：サツキツツジ　開花時期：5～6月
花色：赤、白ほか　香り：無香

Scarlet sage

「賢い」という意味をもつハーブ
サルビア

＊花言葉＊

尊敬　家族愛　赤／燃える想い　青／尊敬　知恵

昔から薬草として使われてきたハーブの一種で、セージと同じ仲間になることから英名は"sage（セージ）"で、「賢人」という意味です。「尊敬」「家族愛」「知恵」といった花言葉はこの英名にちなんでおり、中世ヨーロッパでは寿命をのばしたり、悲しみをやわらげたりする力があるとも信じられてきました。

DATA
分類：シソ科アキギリ属
原産地：赤／ブラジル、青／北アメリカ
別名：ヒゴロモソウ（緋衣草）、スカーレットセージ
開花時期：7～11月　花色：赤、青
香り：甘くさわやかな香り

Chirstmas bells

耳を澄ませばベルの音が聴こえてきそう
サンダーソニア

＊花言葉＊

祝福 祈り 純粋な愛
愛嬌 望郷

19世紀後半にサンダーソン氏によって南アフリカで発見された花で、花言葉の「祈り」「望郷」は入植した人達が、この花を見て遠く本国に想いを馳せたことにちなんでいます。ベルのようにふくらんだ花を下向きに咲かせることから、別名でクリスマスベルとも呼ばれ、「祝福のベル」のイメージで「祝福」、愛らしい姿から「愛嬌」という花言葉も。庭植えにすると、葉の先の巻きひげが、ほかの植物にからみながら育っていく姿もなかなか愛嬌があります。

DATA

分類：イヌサフラン（ユリ）科サンダーソニア属
原産地：南アフリカ
別名：クリスマスベル
開花時期：6〜8月
花色：黄、オレンジ
香り：無香

German iris

夏

虹のような多彩な花色を持つ
ジャーマンアイリス

＊花言葉＊

燃える想い　情熱

エジプトのファラオの遺跡に彫られているほど、古くから愛されてきた花です。1800年代以降に品種改良が進み、下向きの花びらと上向きの花びらの色の組み合わせが違うものなども登場し、アヤメ属の中で最も花色が豊かです。その印象から、ヨーロッパでは、「レインボーフラワー」とも呼ばれており、花言葉の「燃える想い」「情熱」は、この豪華な花色の連想からつきました。花も根も香り高く、特に根は香水の原料にもなっています。

DATA
分類：アヤメ科アヤメ属
原産地：南ヨーロッパ
別名：ドイツアヤメ
開花時期：5〜6月
花色：紫、青、白、赤、ピンク、オレンジ、黄
香り：甘い香り

Rhododendron

美しくて少し危険な「高嶺の花」
シャクナゲ（石楠花）

＊花言葉＊

荘厳　警戒　威厳

日本にも数種類が自生していますが、花が大きくて豪華なものは、品種改良されたセイヨウシャクナゲです。ヒマラヤでは高山にしか咲かない花で、さらに葉には毒が含まれており、採りに行くにはまさに命がけだったことから「高嶺の花」という言葉の由来になりました。花言葉もすべて、近寄りがたい、危険という意味を含んでいます。それでも、貴婦人のドレスを広げたような花は、手に入れたい欲望を十分に駆り立てる美しさがあり、「花木の女王」としての存在感を放っています。

DATA
分類：ツツジ科ツツジ属
原産地：ヒマラヤから西アジア、中国、日本
別名：ロードデンドロン、
セイヨウシャクナゲ（西洋石楠花）
開花時期：5月
花色：ピンク、白、赤
香り：ほぼ無香

Chinese peony

夏

時代を経ても変わらない美人の代名詞
シャクヤク(芍薬)

＊花言葉＊

恥じらい　謙遜　清浄　威厳

「立てば芍薬、座れば牡丹、歩く姿は百合の花」。この言葉にもあるように、シャクヤクは昔から美人の代名詞の一つです。花言葉の「恥じらい」「謙遜」の由来は、夕方になると花を閉じてしまう性質から、はにかみ屋の妖精がこの花の中に隠れたら花ごと赤くなったというイギリスの民話から、英語の慣用句"blush like a peony"（シャクヤクのように顔を赤らめる）からなど諸説あります。また、英名の"Chinese peony"のpeonyは、ギリシャ神話に登場し、この花の根で黄泉の国の王の傷を癒したという医師Paeon（ペオン）にちなんだものです。

DATA
分類：ボタン科ボタン属
原産地：中国、モンゴル、日本
別名：カオヨグサ（貌佳草）、エビスグサ（夷草）
開花時期：5〜6月
花色：ピンク、白、赤、オレンジ、黄、青
香り：さわやかな甘い香り

Hyacinth orchid

カジュアルにつきあえるランの花
シラン（紫蘭）

＊花言葉＊

楽しい語らい　変わらぬ愛

ラン科の中ではとても栽培しやすい花で、最近は、葉に斑の入ったもの、花が重なって咲くものも見かけるようになりました。切り花としても長持ちしますが、庭に植えておくとどんどん増え、たまに種も飛んで離れたところで花を咲かせたりもします。花言葉の「変わらぬ愛」は、英名に"Hyacinth orchid（ヒヤシンス・オーキッド）"とあるように、ヒヤシンスの花言葉に由来しています（P63）。また、球茎を乾燥させたものは「白及」といい、漢方では止血や胃潰瘍の薬として使われます。

DATA
分類：ラン科シラン属
原産地：日本、中国
別名：ビャクキュウ（白及）
開花時期：5〜6月
花色：紫、ピンク、白、赤、青
香リ：無香

Sweet william catchfly

夏

花名の由来は酔っ払い
シレネ

＊花言葉＊

いつわりの愛　青春の息吹
落とし穴

江戸時代にヨーロッパから渡来した帰化植物です。シレネ属の多くは葉の節のあたりから粘着性の分泌液を出しますが、ギリシャ神話では、その液を酒の神バッカスの養父シレネが酔って泡をふいた姿に例えています。その液に虫がよりつくことから、花言葉に「いつわりの愛」「落とし穴」といったものがつきました。

DATA
分類：ナデシコ科シレネ属　原産地：ヨーロッパ
別名：マンテマ　開花時期：5〜6月
花色：ピンク、赤紫、薄ピンク、白　香り：無香

Pincushion flowers

シックなたたずまいが魅力
スカビオサ

花言葉

感じやすい 魅力 未亡人

英名の"Pincushion flowers（ピンクッション フラワー）"は、無数の細い花弁をもつ花が、横から見るとピンクッションのようにも見えることからつけられました。ギリシャ神話では、ケンタウロスの娘で医師のフィチアが、胸を病んで患者として訪れた羊飼いに恋をしますが、羊飼いは別の女性と結婚してしまいます。悲しみのあまり死んでしまった彼女を、神があわれんでスカビオサに変えたといわれており、花言葉の「感じやすい」はそれにちなんでいるようです。また、「未亡人」は紫の花色が喪に服する衣装のようにシックなことからつきました。

夏

DATA
分類：マツムシソウ科マツムシソウ属
原産地：日本、アジア、南ヨーロッパ
別名：セイヨウマツムシソウ（西洋松虫草）
開花時期：8〜10月
花色：紫、赤、青、白、ピンク
香り：無香

Globe amaranth

いつまでも変わらない色と形
センニチコウ（千日紅）

＊花言葉＊

変わらぬ愛　永遠の恋　不死

小さくて丸い愛らしい花姿が特徴で、百日紅（さるすべり）より長く咲くので千日紅と名づけられました。もともと乾燥に強く、ドライフラワーになっても花色があせないため、ヨーロッパでは、乾燥させてから冬の室内飾りにしたり、お墓に供えたりする風習があり、また中国でも女性が簪（かんざし）に使っていたといわれています。花言葉もそんな花の色あせない性質に由来してつけられました。花のように見える赤い部分は葉が変形し発達した苞（ほう）で、花びらはすぐに散ってしまいます。

DATA
分類：ヒユ科センニチコウ属
原産地：熱帯アメリカ、熱帯アフリカ
別名：センニチソウ（千日草）、
センニチボウズ（千日坊主）
開花時期：7〜11月
花色：ピンク、白、赤、赤紫、黄
香り：無香

Solidaster

雑草から進化した新しい花
ソリダスター

花言葉

豊富な知識 振り向いてください

フランスで20世紀になってつくり出された花で、ソリダゴ属とアスター属の交配種です。ヒマワリを小さくしたような花を房状にいっぱい咲かせる様はとても愛らしい風情があります。花言葉の「豊富な知識」は、違う属同士の交配という難しい技術で生まれたことにちなんでいます。

DATA
分類：キク科ソリダゴ属×アスター属
原産地：フランス　別名：ソリダコアスター
開花時期：7〜9月　花色：黄、白　香り：無香

夏

Skullcap

波のような形で一途な愛を表現
タツナミソウ（立浪草）

花言葉

私の命を捧げます

その名の通り、浮世絵に描かれる波に花の形が似ていることから名づけられました。花言葉の「私の命を捧げます」は、一つの茎につく花のすべてが同じ方向に咲くことから、一途な愛情を連想させるため。かわいらしい花からは想像しにくいドラマティックな花言葉です。

DATA
分類：シソ科タツナミソウ属　原産地：東アジア
別名：スイモノグサ　開花時期：5〜6月
花色：紫、ピンク、白　香り：無香

Dahlia

皇后ジョセフィーヌが愛した花
ダリア

花言葉

華麗　気品　優雅　移り気

18世紀にメキシコからスペイン経由でフランスに持ち込まれ、ナポレオン妃のジョセフィーヌが愛した植物として、バラとともに有名になりました。この花ほど花色や形の変化に富む植物はめずらしいのですが、バラ同様青色の色素だけは持ち合わせていません。花言葉は美しい花姿からつけられていますが、「移り気」のみは、気まぐれな気性だったジョセフィーヌに由来しているようです。

DATA
分類：キク科ダリア属
原産地：メキシコ
別名：テンジクボタン（天竺牡丹）
開花時期：7〜10月
花色：赤、白、黄、ピンクなど
香り：品種によるが、ほぼ無香

Chives

葉も花も食べられる

チャイブ

＊花言葉＊

忠実
素直　柔軟性

古くは中国で薬や料理に利用されていた植物で、13世紀にマルコ・ポーロが持ち帰り、ヨーロッパに広まったといわれています。葉はもちろん、花も球根も食べることができ、庭に植えておくと、ほうっていても越冬して再び春に芽を出すとても便利なハーブです。花名は、ラテン語の「におい」に由来し、花も葉もネギ属独特の香りを放ちます。

DATA

分類：ユリ科ネギ属
原産地：北半球の広い範囲
別名：セイヨウアサツキ、エゾネギ
開花時期：5〜6月
花色：ピンク、白、赤、赤紫、黄
香り：ネギの香り

Asiatic dayflower

夏

歌にも詠まれた一日花
ツユクサ（露草）

＊花言葉＊
懐かしい関係

朝露が乾かないうちにしぼんでしまう一日花という性質から「露草」という名がつき、英名にも"dayflower"という言葉がつけられました。古くから日本人に親しまれてきた花で、『万葉集』には儚さの象徴として詠まれた歌が残っています。また、花の色が布につきやすいので「着き草」という別名があり、友禅染めの下地を描く染料として用いられてきました。花の季節に花ごととって乾燥させたものは「鴨跖草」と呼ばれ、下痢止めや解熱剤として使われます。

DATA
分類：ツユクサ科ツユクサ属
原産地：東アジア、アメリカ東北部
別名：ホタルグサ（蛍草）、ツキクサ（月草・着き草）
開花時期：6～9月
花色：青紫、白　香り：無香

Cranberry

下を向いて咲く小さな花
ツルコケモモ（蔓苔桃）

花言葉

心の慰め　天真爛漫

寒い湿原に水苔とともに生える植物ですが、近年は鉢植えとしても親しまれています。かわいいピンクの小さな花が下向きに咲き、その後、大きな赤い実を秋に実らせますが、酸味が強いので、ジュースやジャムにしたり、アメリカでは感謝祭のごちそうのターキーに添えるソースにしたりします。花言葉の「心の慰め」は、祖国を追われアメリカにやってきた移民たちが、飢えや病気に苦しんでいるときに、ネイティブアメリカンに提供されたこの実によって救われたという歴史からきており、英名の"Cranberry"は、木の実を鶴（Crane）がついばむことから、あるいは花の形が鶴の首に似ていることから、ネイティブアメリカンがつけたといわれています。

DATA
分類：ツツジ科スノキ属
原産地：北ヨーロッパ、北アジア、北アメリカ
別名：クランベリー
開花時期：6〜7月
花色：ピンク
香り：さわやかな香り

夏

Society garlic

花と茎で異なる香り
ツルバキア

＊花言葉＊

小さな背信 落ち着きある魅力

南アフリカ原産の植物にしては珍しく、寒さに強くて、半日陰でもやせた土地でもよく育ちます。花名は、南アフリカがオランダの植民地だった時代の喜望峰総督ツルバグにちなんだといわれており、花言葉の「小さな背信」は、英名に"garlic"という言葉が入っているように、花に甘い香りがあるのに、茎を切るとニンニク臭がすることからきたようです。日本ではこれをニラのにおいととらえ、「瑠璃二文字」と呼びました。「二文字」は、昔の女房言葉で「ニラ」を意味します。

DATA
分類：ユリ科ツルバキア属　原産地：南アフリカ
別名：ルリフタモジ（瑠璃二文字）
開花時期：5〜8月　花色：ピンク、紫、白
香り：甘い香り

Yellow star jasmine

夏

藤原定家の愛の化身
テイカカズラ（定家葛）

＊花言葉＊
依存　優美な女性

花名は、鎌倉時代の歌人藤原定家が没したあと、生前、叶わぬ想いを寄せていた式子内親王への執心が葛となってお墓を覆いつくしてしまったという伝説からきていますが、元々は「柾の葛」という名前で、天宇受売命という日本神話に登場する女神が髪につけていました。ツルが木や崖をのぼり、初夏に白いプロペラのような5枚の花びらを咲かせて、甘い香りを漂わせます。花言葉の「依存」はツル植物であることから、「優美な女性」は、式子内親王を連想した言葉です。

DATA
分類：キョウチクトウ科テイカカズラ属
原産地：日本、朝鮮半島
別名：マサキノカズラ（柾の葛）
開花時期：5～6月　花色：白
香り：甘い香り

Delphinium

スカイブルーの花色がさわやか
デルフィニューム

＊花言葉＊
清明

空色の色素「デルフィニジン」を含み、青い花の代名詞ともいえるほど、青の美しさを誇る花です。花言葉も青い花の清々しいイメージからつけられました。開花期がバラと同じで、バラにはほんどない青花であることから、イングリッシュガーデンにはなくてはならない存在です。花名は、つぼみがイルカの形に似ていることからギリシャ語でイルカを意味する"delphinns（デルフィーヌス）"が語源になっており、また、花の形がツバメが飛ぶ姿に似ていることから「大飛燕草」という和名がついています。

DATA
分類：キンポウゲ科デルフィニューム属
原産地：ヨーロッパ、北アメリカ、アジア、熱帯アフリカの山地
別名：オオヒエンソウ（大飛燕草）
開花時期：5〜6月
花色：青、紫、白、ピンク　香り：無香

Fish mint

夏

雑草のようにたくましいハーブ
ドクダミ（毒痛み）

＊花言葉＊

白い記憶　野生

昔から十薬（じゅうやく）と呼ばれ、十の毒を消すハーブとして重宝がられ、花名も毒や痛みに効くことに由来しています。葉と花を乾燥させてつくるドクダミ茶は家庭でも気軽につくることのできるハーブティーです。日陰の湿っぽい所にいつの間にかはびこって、夏になると花びらに見える4枚の白い総苞（そうほう）をきれいに咲かせますが、触れると独特のにおいを放ちます。花言葉は、子供のころに野原で遊んだときにかいだにおいや、ケガをしたときに、葉をもんで傷の手当てをしたことをなつかしむ気持ちからきたようです。

DATA
分類：ドクダミ科ドクダミ属
原産地：日本を含む東アジア
別名：ジュウヤク（十薬）、シブキ（之布岐）
開花時期：6〜7月　花色：白
香リ：独特の香り

Passion flower

見る人の想像をかきたてる花形
トケイソウ（時計草）

＊花言葉＊
信心　信仰　聖なる愛

個性的な花の形が時計に似ていることからこの名前がつけられました。雄しべが十字架にかけられたキリストに、雌しべが後光に、また各5枚ずつの花びらと萼が10人の使徒に見えることから、信仰に関わる花言葉がついており、英名の"Passion"も情熱ではなく受難の意味です。実はそのまま食べたりジュースにしたりして、花はハーブとして利用されています。

DATA
分類：トケイソウ科トケイソウ属
原産地：熱帯アメリカ
別名：パッションフルーツ、パッションフラワー
開花時期：5〜10月
花色：紫、ピンク、赤など
香り：さわやかな香り

Lisianthus

細い茎に八重の花弁が優美
トルコギキョウ

花言葉

清々しい美しさ　優美　希望

リンドウの仲間なのにトルコギキョウと名づけられた理由は、トルコの人がかぶっているターバンや花のキキョウに形が似ているから、色がトルコ石のようだからなど諸説あります。スマートな茎の先にフリル状の八重の花を優美に咲かせた姿から花言葉がつきました。

DATA
分類：リンドウ科ユーストマ属
原産地：アメリカ　別名：ユーストマ、リシアンサス　開花時期：5〜8月
花色：紫、ピンク、白、赤、黄、緑、青
香り：無香

お釈迦様ゆかりの花
ナツツバキ（夏椿）

花言葉

愛らしさ

ツバキのような真っ白で清らかな花姿が、仏陀が入滅した場所に生えていた沙羅双樹（フタバガキ）によく似ており、「沙羅の木」という別名がついています。本物の沙羅双樹は日本では育たないため、代わりにこの木が天台宗のお寺に植えられ、梅雨のころに美しい花を咲かせては、一日で花ごとポトリと地面に落ちて、雪が降り積もったような風景をつくります。花言葉の「愛らしさ」はそんな花の姿に由来しています。

DATA
分類：ツバキ科ナツツバキ属
原産地：日本、朝鮮半島
別名：サラノキ（沙羅の木）　開花時期：6〜7月
花色：白、ピンク（夜明け前）　香り：さわやかな香り

Japanese stuartia

Pink 夏

日本女性の強さの代名詞に
ナデシコ（撫子）

＊花言葉＊

純愛　貞節　大胆
ピンク／**純愛**
白／**器用　才能**

子供のようにかわいくて、なでてしまいたいほどの可憐さなので、「なでし子」から転じてナデシコと呼ばれるようになりました。花言葉の「可憐」は見てのとおりですが、「大胆」とは雑草の中でひときわ目立つピンクの花を咲かせることからつけられたようです。また英名の"Pink"はオランダ語の「まばたき」に由来し、ピンク色という色名はこの花から派生したといわれています。秋の七草の一つです。

DATA
分類：ナデシコ科ナデシコ属
原産地：日本、朝鮮半島、中国
別名：ヤマトナデシコ(大和撫子)
開花時期：7〜10月
花色：ピンク、白　香リ：無香

Love in a mist

"霧に包まれた恋人"の英名を持つ
ニゲラ

＊花言葉＊
夢の中の恋　密かな喜び

花は、「美女のみだれ髪」とも「ヴィーナスのほつれ髪」ともいわれる、糸状に変形した葉に包まれているのが特徴です。ここから、"Love in a mist"（霧の中の恋人）というロマンチックな英名がつき、花言葉も同様の理由からつけられました。花名はラテン語の"Niger"（黒い）が派生したもので、種が黒いことが理由です。この種はパンやお菓子に入れたり、こしょうとして使うこともできます。

DATA
分類：キンポウゲ科クロタネソウ属
原産地：地中海沿岸
別名：クロツネソウ（黒種草）
開花時期：5〜7月
花色：青、白、ピンク
香り：無香

毎日けなげに夏を彩る
ニチニチソウ(日々草)

＊花言葉＊
生涯の友情　やさしさ　若い友情

その名のごとく、次から次へと日々途絶えずに新しい花を咲かせ、それぞれが3〜4日咲き続けるので、花壇はいつも花でいっぱいになります。そんなたくさん咲いている様子が、友達とワイワイ楽しくおしゃべりしているように見えることから、友情にまつわる花言葉がつきました。キョウチクトウの仲間で毒を持っているため取り扱いには注意が必要ですが、成分の一つに抗がん作用があるといわれ、一時もてはやされたことがあります。

DATA
分類：キョウチクトウ科ニチニチソウ属
原産地：西インド（マダガスカル）
別名：ニチニチカ（日々花）
開花時期：6〜9月
花色：ピンク、白、赤
香り：さわやかな香り

Madagascar periwinkle

Lady's tresse

巻き毛のようにねじれて咲く
ネジバナ

花言葉

思慕

古くから詩にも詠まれてきた花で、らせん階段のように、茎のまわりに小花をびっしりとつけるのが特徴です。花のつき方は、右巻きのものや左巻きのもの、突然変異でまっすぐにタテにつくものなどがあり個性豊か。きれいに均等に茎を巻き上げながら咲く姿が、一途に相手を思う心と重なり「思慕」という花言葉がつきました。また、ねじれた花の姿がそのまま花名にもなっており、英名の"Lady's tresse"は「乙女の巻き毛」という意味です。

DATA
分類：ラン科ネジバナ属
原産地：アジア
別名：モジズリ（捩摺）
開花時期：6〜9月
花色：ピンク、白
香リ：無香

Chinese trumpet vine

夏

夏空に輝くトランペット形の花
ノウゼンカズラ（凌霄花）

花言葉

名声 夢ある人生 栄光

平安時代に中国から渡ってきたツル植物です。花名「凌霄花」の「凌」は上に出るという意味で、「霄」は雲の意味。空に向かってどんどんツルを伸ばし、夏にオレンジ色の花をいっぱいに咲かせる姿を表しています。また、花の形はトランペットに似ており、空に向かってファンファーレを吹いているようにも見えることから、「名声」「夢ある人生」「栄光」といった希望にあふれる花言葉がつきました。中国では薬草として使われてきましたが、有毒植物でもあるので気をつけましょう。

DATA
分類：ノウゼンカズラ科ノウゼンカズラ属
原産地：中国　別名：トランペットフラワー
開花時期：7〜9月
花色：オレンジ、赤、黄　香リ：無香

Japanese rose

房咲きバラの親

ノバラ（野薔薇）

＊花言葉＊

花／素朴なかわいらしさ　詩情
実／無意識の美

日本の山野でよく見かける原種のバラです。ヨーロッパに渡り、現代バラの品種改良に貢献して、房咲き性のバラの親になりました。花言葉は、現代バラにはない素朴な美しさに由来します。秋には赤い実がたわわに実り、その実を乾燥させると下剤の効能を持つ漢方薬になります。

DATA
分類：バラ科バラ属　原産地：日本、朝鮮半島
別名：ノイバラ（野茨）　開花時期：5〜6月
花色：ピンク、白　香り：甘い香り

Lotus

泥から生まれても美しく咲く

ハス（蓮）

＊花言葉＊

清らかな心　神聖　離れゆく愛

花の中央にある花托（花床）が蜂の巣に似ていることから、「ハチス」が転じて「ハス」と名づけられました。仏教では「ハスは泥より出でて泥に染まらず」といわれており、特に中国や日本では、泥水の中から生まれながらも清らかな花を咲かせるハスは、純粋なもの、神聖なものの象徴として位置づけられています。

DATA
分類：ハス科ハス属　原産地：インドとその周辺
別名：スイフヨウ（水芙蓉）、フゴセン（不語仙）、イケミグサ（池見草）　開花時期：7〜8月
花色：ピンク、白　香り：強い芳香あり

Portulaca

荒れ地でも咲く元気な花
ハナスベリヒユ（花滑り莧）

花言葉
無邪気 いつも元気

ギラギラと照りつける真夏の太陽の下、暑さを楽しむように大きく艶やかな花を次から次へと咲かせます。しかも、どんどん地面を這って株を大きくしていくため、夏のグランドカバーとしてもたいへん重宝する植物です。花言葉は、夏の庭を元気に彩る花の姿からきており、花名は、多肉質の葉を踏みつけると粘液物質が出てきて滑ってしまうことからつけられました。

DATA
分類：スベリヒユ科ポーチュラカ属
原産地：南アメリカ
別名：ポーチュラカ
開花時期：6〜10月
花色：オレンジ、ピンク、白、赤、黄など
香り：無香

夏

Rose

花の中の女王
バラ（薔薇）

花言葉

赤／愛 あなたを愛します 貞節 熱烈な恋
ピンク／上品 しとやか 温かい心 満足
白／無邪気 清純 相思相愛 尊敬
黄／献身 美 さわやか あなたに恋しています 嫉妬
オレンジ／無邪気 魅惑 信頼 絆
紫／誇り 上品 尊敬
青／夢がかなう 神の祝福
緑／穏やか
絞り／満足
斑／君を忘れない
葉／あきらめないで
蕾／秘密を守って
トゲ／不幸中の幸い
一重咲き／静かな愛
八重咲き／プライド

1本／一目惚れ
2本／二人だけ
3本／告白
6本／夢中
7本／密かな愛
11本／最愛
99本／永遠の愛
108本／プロポーズ
999本／何度生まれても
あなたを愛します

美の女神ヴィーナスの涙から生まれたといわれており、他の花よりも群を抜いて多い花言葉から、どれだけ人々に愛されてきたのかがわかります。バラにまつわる逸話も無数にあり、古くはギルガメシュ叙事詩やボッティチェルリの絵に登場し、クレオパトラがお風呂に入れたことも記録に残っています。また、ナポレオンの妃ジョセフィーヌは、敵国からもバラを集めて栽培し、現代バラの基礎を築きました。イスラム世界では白いバラは預言者ムハンマドを、赤いバラは唯一神アッラーを表すものとされています。

DATA

分類：バラ科バラ属
原産地：北半球の温帯
（主にヨーロッパから日本）
別名：サウビ（薔薇）
開花時期：5〜12月（品種による）
花色：赤、ピンク、白など
香り：甘い香りから
フルーツ香までいろいろ

Larkspur

小さなツバメに似た愛らしい花姿
ヒエンソウ（飛燕草）

＊花言葉＊

軽やかさ　陽気

まっすぐ伸びた茎に糸のような葉をつけ、上部で枝分かれした花柄の先に花をつけます。花の形がツバメのように見えることから「飛燕草」と名づけられ、花言葉の「軽やかさ」「陽気」は、風で揺れる姿がツバメたちが楽しそうに飛んでいる様子に見えることからきました。英名の"Larkspur"の"Lark"はひばり、"spur"は蹴爪の意味で、花の根元の細い部分が鳥の蹴爪に似ていることに由来しています。

DATA
分類：キンポウゲ科デルフィニウム属
原産地：ヨーロッパ、北アメリカ、アジア、アフリカ山地　別名：ラークスパー、チドリソウ（千鳥草）　開花時期：5〜6月
花色：青紫、青、ピンク、白　香リ：無香

Snowball tree

ライムグリーンから白に変化する
ビバーナム

＊花言葉＊

私は誓います　茶目っ気

ガマズミの仲間で「スノーボール」の別名でもよく呼ばれます。咲き始めは濃いライムグリーンですが、咲き進むと徐々に白くなり、最後は真っ白な花になります。その様子はとてもロマンチックで初夏のガーデンに映えます。また美しいボール状の形とナチュラルな色合いから、ウエディングブーケの花材としても人気で、花言葉もそれにふさわしいものがついています。秋になると濃い紫色の実をつけるものもあります。

DATA

分類：スイカズラ科ガマズミ属
原産地：日本、朝鮮半島
別名：スノーボール、
セイヨウテマリカンボク(西洋手毬肝木)
開花時期：5月　花色：緑から白
香リ：無香

Aaron's beard

花と同格の美しさを誇る赤い実
ヒペリカム

＊花言葉＊

きらめき 秘密 復讐

鮮やかな黄色い花びらの上に、細く力強い無数の雄しべを伸ばした姿が印象的な花です。花後、赤く熟した実は光沢があり美しく、秋からクリスマスのアレンジメントでたいへんよく使われています。別名の弟切草は、鷹匠の兄が秘密にしていた鷹が負傷したときにつける薬草の名を、あるとき、弟がうっかり他人に話してしまい、兄は怒りで弟を斬り殺してしまったという話にちなんでいます。花言葉の「秘密」「復讐」もこの話からついたものです。

▶ DATA

分類：オトギリソウ科オトギリソウ属
原産地：中央アジアから地中海沿岸
別名：オトギリソウ（弟切草）
開花時期：6〜7月　結実時期：8〜9月
花色：黄　香り：無香

Sunflower

夏

太陽のように輝く花
ヒマワリ（向日葵）

＊花言葉＊

あなただけを見つめます
崇拝　愛慕

コロンブスのアメリカ大陸発見以降、ヨーロッパに持ち込まれ人気を得た花で、当時は「ネイティブアメリカンの太陽の花」「ペルーの黄金の花」などと呼ばれていました。毎日太陽のほうを向いている性質から、「あなただけを見つめます」「崇拝」という花言葉がつき、プロポーズのときに贈る花としても使われます。しかし、この性質はつぼみのうちの話で、花が開くとだいたい東を向いたままになり動かなくなります。

DATA
分類：キク科ヒマワリ属
原産地：アメリカ西海岸
別名：ニチリンソウ（日輪草）
開花時期：7〜9月
花色：黄　香リ：無香

Erigeron annuus

道端に咲く小さなキク
ヒメジョオン（姫女菀）

＊花言葉＊
素朴で清楚

ハルジオンとともに日本に永住権を得たかのように、どこにでも見られる帰化植物です。受粉しなくても種をいっぱいつけること、種の寿命がとても長いこと、やせ地で十分生育できることなど、驚異的な繁殖能力を持っています。花はハルジオンよりも小さく控えめで、雑草として抜いてしまうのが惜しくなるような風情があり、「柳葉姫菊」という上品で清楚な別名がついています。

DATA
分類：キク科ムカシヨモギ属　原産地：北アメリカ
別名：ヤナギバヒメギク（柳葉姫菊）
開花時期：6〜10月　花色：白　香り：無香

生命力旺盛なグランドカバー
ヒメツルソバ（姫蔓蕎麦）

＊花言葉＊
愛らしさ　思いがけない出会い
気が利く

金平糖のような丸くてかわいらしい花を無数に咲かせながら地面を力強く覆って伸びるので、グランドカバーとして花壇の縁取りなどによく使われています。花言葉の「愛らしさ」はかわいらしい花のイメージから、「思いがけない出会い」は、種が飛んで道端や庭のあちらこちらに出現し繁殖することから、また「気が利く」は、葉にV字の模様が入り、冬は真っ赤に紅葉して一年中楽しませてくれることからついたものです。

DATA
分類：タデ科イヌタデ属
原産地：ヒマラヤ
別名：ポリゴナム、カンイタドリ（寒虎杖）
開花時期：5〜7月　花色：ピンク　香り：無香

Pink-head knotweed

Bindweed

昼間だけに見せる花姿
ヒルガオ（昼顔）

＊花言葉＊

絆　情事

花名は、朝、日の出とともに花を咲かせ、夕方にはしぼむことからつきました。古く万葉の時代から歌に詠まれてきましたが、不思議なことにアサガオとは違い、園芸植物として栽培されることはありませんでした。花言葉の「絆」はしっかりツルがからみつくことから、「情事」は、フランスで生まれた花言葉で、この花の咲いている昼間に情事に耽ることからきたそうです。

DATA
分類：ヒルガオ科ヒルガオ属
原産地：日本、朝鮮半島、中国
別名：コシカ（鼓子花）、アオイカズラ（葵葛）
開花時期：6〜8月
花色：ピンク　香り：無香

Bougainvillea　夏

熱帯生まれの情熱の花
ブーゲンビリア

＊花言葉＊

情熱　あなたしか見えない　あふれる魅力

花名は、18世紀末にブラジルでフランス人探検家のブーガンビルがこの花を発見したことによります。花びらに見えるのは苞と呼ばれる葉が変化した部分で、実際の花は真ん中にある白い筒状の部分です。熱帯生まれの植物ならではの情熱的な花の雰囲気から花言葉がつきました。

DATA
分類：オシロイバナ科ブーゲンビリア属
原産地：南アメリカ、中央アメリカ
別名：イカダカズラ(筏葛)　開花時期：5〜10月
花色：ピンク、白、赤、オレンジ　香り：無香

Hare's ear

緑から黄色のグラデーションが魅力
ブプレウルム

＊花言葉＊
初めてのキス

花びらのように見える緑色の苞の中に、かわいらしい黄色の小花をつけます。緑から黄のグラデーションが美しく、他の花にはない独特な色合いが魅力です。花言葉の「初めてのキス」は、この赤にもピンクにも染まっていない初々しい花色のイメージからきたのでしょう。英名も"Hare's ear"（野うさぎの耳）というかわいらしい名前です。アレンジメントでは、緑のボリュームを出したいときに使えることで人気があります。

DATA
分類：セリ科ブプレウルム属
原産地：ヨーロッパ、中央アジア
別名：ツキヌキサイコ（突き抜き柴胡）
開花時期：5〜7月
花色：黄　香り：無香

Tweedia

幸せを呼ぶサムシングブルー
ブルースター

＊花言葉＊
幸福な愛　信じ合う心

ヨーロッパの結婚式では4つのサムシングを身につけるとよいとされており、そのうちの一つ、サムシングブルーとしてこの花がよく使われます。ヨーロッパでは青色は誠実を象徴する色、そして人生の節目に幸せを呼び込む色ととらえられており、花言葉も、まさしくそれにふさわしいものがついています。

DATA
分類：ガガイモ科ルリトウワタ属
原産地：ブラジル、ウルグアイ
別名：ルリトウワタ（瑠璃等綿）、
オキシペタルム　開花時期：5～9月
花色：青、白、ピンク　香リ：無香

夏

花も実も楽しめる
ブルーベリー

＊花言葉＊
知性　信頼　思いやり
実りのある人生

スズランにも似た白い釣り鐘状の花がかたまって咲き、その後、次から次に実が熟して、秋には紅葉まで楽しめます。花言葉は、人々の暮らしに豊かさを運ぶ果樹であることから「実りある人生」が、丈夫な性質で確実に実ることから「信頼」が、さらに果実に含まれる色素アントシアニンが眼の疲れを癒すことから「知性」「思いやり」が生まれました。

DATA
分類：ツツジ科スノキ属
原産地：北アメリカ
別名：ヌマスグリ（沼酸塊）、
アメリカスノキ（亜米利加酢の木）、
ヌマスノキ（沼酢の木）
開花時期：3～4月
結実時期：5～9月
花色：白　香リ：無香

Blueberry

Blue lace flower

奥ゆかしい中にも気品あふれる
ブルーレースフラワー

花言葉

無言の愛　優雅な振る舞い

ヨーロッパ原産の白花のレースフラワーに対し、ブルーレースフラワーはオーストラリア原産です。独特の細かい葉とレースのように繊細な花、涼しげなブルーが、初夏のアレンジメントの花材として人気です。花言葉は、レース状の花の奥ゆかしい姿、気品あふれるたたずまいに由来します。日本の夏に弱いので、庭植えにする場合は、風通しのよい涼しい場所に植えましょう。

夏

DATA
分類：セリ科トラキメネ属
原産地：オーストラリア、ヨーロッパ
別名：ディディスカス　開花時期：5〜6月
花色：青、ピンク、白　香リ：無香

においを放ち身を守る
ヘクソカズラ(屁糞葛)

花言葉

人嫌い　意外性　誤解を解きたい

何とも情けない名前がつけられたものですが、触ると、かわいらしい花の印象とは裏腹に独特のにおいがあり、花言葉はそんな花の性質に由来しています。このにおい、人によって感じ方に差があり、まったく不快に感じない人もいるようです。また、乾燥したものはにおわないので、丸い実のついたツルはドライにして、リースづくりに利用されています。別名の「灸花(やいとばな)」は、花の正面から見たときの赤い部分が、お灸をしたときのあとに似ていることからつきました。

DATA
分類：アカネ科ヘクソカズラ属
原産地：日本を含む東アジア　別名：ヤイトバナ(灸花)
開花時期：7〜9月　花色：白　香リ：異臭

Skunk vine

Safflower

紅色の染料にもなる
ベニバナ（紅花）

花言葉

愛する力 熱中 包容力

山形県の県花です。その歴史は古く、シルクロードを経て飛鳥時代に日本にやってきました。江戸時代までは黄や紅色の染料をとるために、茎の末につく花を摘んだことから末摘花（すえつむはな）とも呼ばれています。花言葉は『源氏物語』に登場する貧乏で鼻が赤くて醜いために光源氏に末摘花と呼ばれたお姫様が、純粋な心で一途に光源氏を思い続け、最終的には愛を得たという物語に由来しています。

DATA
分類：キク科ベニバナ属
原産地：アラビア、エジプト
別名：サフラワー、スエツムハナ（末摘花）、クレノアイ（呉藍）
開花時期：6〜7月
花色：オレンジから赤に変色
香り：無香

夏

Rose balsam

伝説の鳥の姿に似た高貴な花
ホウセンカ（鳳仙花）

＊花言葉＊
私に触れないで　短気　心を開く

花名は、元々は中国名で、花の形が伝説の鳥、鳳凰の羽ばたく姿に似ていることからつけられました。熟した実を触るとパンとはじけて種が飛び散る性質があり、花言葉はそれに由来しています。また、ギリシャ神話でも、宮殿で催されていた宴会からリンゴが一つなくなり、無実の罪を着せられた女神が悔しさから死を選びホウセンカになったという話があり、実がパンとはじけて中身をさらけ出すのは、何も持っていないことを示すためといわれています。

DATA
分類：ツリフネソウ科ツリフネソウ属
原産地：東南アジア
別名：ツマクレナイ（爪紅）、ツマベニ（爪紅）
開花時期：7〜9月
花色：赤、ピンク、白
香り：無香

Chinese lantern plant

夏

日本の夏の風物詩
ホオズキ（鬼灯）

＊花言葉＊
私を誘ってください
偽り ごまかし

子供のころに、中の種子を抜いてから口に含んで音を鳴らして遊んだ方も多くいることでしょう。花名は、赤くふくらんだ実が頬に見えることから「頬つき」が、または音を鳴らして遊ぶときに、指で突いたように頬をへこませる様から「頬突き」が転じたものといわれています。花言葉の「偽り」「ごまかし」は、大きな袋の中に小さな丸い果実が一つしか入っていないことに由来しています。日本の夏の風物詩として多くの人でにぎわう浅草寺のほおずき市は、毎年7月9〜10日。光り輝く提灯（ちょうちん）のような実がずらりと並んだ風景は圧巻です。

DATA
分類：ナス科ホオズキ属
原産地：東南アジア
別名：カガチ（輝血）、ヌカズキ（奴加豆支）
開花時期：6〜7月　結実時期：8〜9月
花色：白、淡い黄色　香り：無香

Spotted bellflower

東洋の花の女王
ボタン(牡丹)

＊花言葉＊

風格　高貴　恥じらい　人見知り

西洋の花の女王がバラなら、東洋の花の女王はボタンでしょう。古くは薬草として扱われていたようですが、唐時代以降は「花王(かおう)」としてもてはやされました。「風格」「高貴」といった花言葉は、幾重にも重なる花びらの堂々とした美しさに由来するものです。日本には8世紀頃に渡来したようですが、正式な記録としては『枕草子』が最初です。島根県の大根島(だいこんしま)で栽培と品種改良が盛んに行なわれていて、日本生まれのボタンが世界中に輸出されています。

DATA
分類：ボタン科ボタン属
原産地：中国北部
別名：フウキグサ（富貴草）、ヒャッカオウ（百花王）、カオウ（花王）
開花時期：5月
花色：ピンク、白、赤、黄、紫
香り：無香

釣り鐘状の花が風に揺れる
ホタルブクロ(蛍袋)

＊花言葉＊

正義　愛らしさ　貞節

花名は、蛍狩りのときに、花の中につかまえた蛍を入れて提灯(ちょうちん)に見立てたことに由来しています。釣り鐘状の花をうつむき加減に咲かせる姿は、とても野生の花とは思えないほど可憐です。花のピンク色の赤味は関東では濃く、西へ行くと薄くなっていくという不思議な特徴を持っています。花言葉の「正義」「貞節」は、花の形が教会の鐘に似ていることから、「愛らしさ」は花の姿のイメージからつきました。

DATA
分類：キキョウ科ホタルブクロ属
原産地：日本を含む東アジア
別名：チョウチンバナ（提灯花）
開花時期：6〜7月
花色：ピンク、白、赤、青
香り：無香

Tree peony 夏

Marguerite

恋占いには欠かせない
マーガレット

花言葉

恋占い 真実の愛 信頼
心に秘めた愛

「恋占い」の花としてヨーロッパで古くから親しまれてきました。ギリシャ神話では純潔の女神アルテミラに捧げられたことから「誠実」「信頼」などの花言葉が生まれ、花びらで恋占いをしたことから「心に秘めた恋」「恋占い」が生まれました。白くて清楚なイメージの花の代表で、以前はマーガレットといえばこのフランスギク属をさしましたが、近年、茎が木質化して大株になるモクシュンギク属の「マーガレット」も登場しています。

DATA
分類：キク科フランスギク属
原産地：園芸植物（ヨーロッパから西アジアにかけて分布したものが親）
別名：シャスターデージー
開花時期：5〜9月　花色：白
香り：異臭

夏のガーデンの定番
マツバボタン（松葉牡丹）

花言葉

可憐　無邪気

一度植えれば毎年庭のどこかで芽を出して咲いてくれる花です。朝開いて午後にはしぼんでしまう一日花ですが、葉が丸くて細長く、中に水分をため込む機能があるので、乾燥にも耐え痩せた土地でも育ち、次から次へと咲き続けてくれます。花言葉は、暑い夏を彩る鮮やかな花の姿が、元気な少女を連想させることからつけられました。

DATA
分類：スベリヒユ科スベリヒユ属
原産地：ブラジル、アルゼンチン、ウルグアイ
別名：ホロビンソウ（不亡草）、
ヒデリグサ（日照り草）
開花時期：6〜9月
花色：ピンク、白、赤、オレンジ、黄
香り：無香

Eleven o'clock

Feverfew

夏

花、葉ともに香りよい
マトリカリア

花言葉

集う喜び 深い愛情
楽しむ心 恋路

花名は、ラテン語の"matrix"(子宮)が転じたもので、この花の一種が婦人病の薬になったことからきており、また、英名の"Feverfew"は解熱作用の意味で、熱を抑える薬としても利用されていたことからきています。細い茎の上部でさらに細く茎が分かれ、小さな花を一輪ずつ咲かせますが、茎が細いゆえに花の重さで垂れ下がる姿が、とても愛らしく見えます。花言葉の「集う喜び」「楽しむ心」はそんな花の様子からつけられたものです。花にも葉にもよい香りがあり、花壇では虫除けにも利用されています。

DATA

分類：キク科タナセツム属
原産地：ヨーロッパ
別名：ナツシロギク（夏白菊）、フィーバーフュー
開花時期：5～7月
花色：黄、白
香り：花はリンゴに似た香り、葉は柑橘系の香り

Marigold

聖母マリアの祭日に咲く
マリーゴールド

＊花言葉＊

信頼 嫉妬 悲しみ 変わらぬ愛

アメリカ大陸の発見によりコロンブスによってヨーロッパに持ち込まれた花の一つで、ヨーロッパでは、年に何度もある聖母マリアの祭日にいつでも咲いている黄金色の花であることから花名がつきました。花言葉の「信頼」「変わらぬ愛」は聖母マリアのイメージに重ね合わせたもの。「嫉妬」「悲しみ」は、黄色の花色がキリスト教では裏切り者のユダが着ていた服の色にあたることに由来しています。また、原産地のメキシコでは「死者の日」という祝日に飾る花とされています。

DATA
分類：キク科コウオウソウ属　原産地：メキシコ
別名：センジュギク（千寿菊）※アフリカン系、コウオウソウ（紅黄草）※フレンチ系、マンジュギク（万寿菊）※フレンチ系
開花時期：5〜11月　花色：黄、オレンジ、白
香り：独特な香り

Banksia rose

夏

外壁や塀を覆いつくすツルバラ

モッコウバラ（木香薔薇）

＊花言葉＊

純潔　初恋　素朴な美

初夏に、葉が見えなくなるくらい小さな花を一面に咲かせ、甘い香りを漂わせます。「木香薔薇」の「木香」は、香りがキク科の「木香」という花に似ていることからつき、白色は強い芳香があるのに対し、黄色と八重咲きの種類はやさしい香りがします。花言葉は、大輪のバラとは一線を画した、素朴な花の風情からきており、黄色のモッコウバラは、秋篠宮第一女子眞子様のお印になったことでも注目されました。

DATA

分類：バラ科バラ属　原産地：中国
別名：スダレイバラ
開花時期：5月　花色：黄、白
香り：芳香あり

Japanese flowering dogwood

咲いた姿が法師の白頭巾のよう
ヤマボウシ（山法師）

＊花言葉＊
友情

ヤマボウシとハナミズキは花がとてもよく似ています。見分け方は、実が熟してくると一目瞭然で、ハナミズキは赤く尖ったかたい実がつきますが、ヤマボウシはオレンジ色の丸くておいしい実がつきます。この実は熟すと桑の実のように表面がブツブツになるので、「山桑（やまぐわ）」という別名もつけられています。花言葉は、江戸時代にヨーロッパに渡り、庭木として広く愛されたことに由来しており、花名は、花の形が比叡山延暦（ひえいざんえんりゃく）寺の山法師の姿に似ていることからつけられました。

DATA
分類：ミズキ科ミズキ属
原産地：日本、朝鮮半島、中国
別名：ヤマグワ（山桑）
開花時期：6～7月
花色：白、ピンク
香り：無香

Citron day-lily

夏

夏の旅の思い出をつくる
ユウスゲ(夕菅)

＊花言葉＊

媚態　美しき姿

ユリの仲間で、夕方に花開き翌日の昼にはしぼんでしまう一日花であることと、葉がスゲ属に似ていることからこの花名がつきました。万葉の時代から日本人に愛されてきたのは、透き通るようなレモンイエローの花色が何ともいえない品のある美しさをかもしだすからでしょう。花言葉もそんな花姿のイメージからつけられました。この仲間で高原に咲くものをニッコウキスゲといい、放牧地などに群生しているのをときどき見かけますが、こちらは昼咲きです。

DATA
分類：ユリ科ワスレグサ属
原産地：日本、中国
別名：キスゲ（黄菅）
開花時期：6〜8月
花色：黄　香り：微香

Lily

世界で愛されるの日本の花
ユリ(百合)

花言葉

純粋　威厳
白／純潔　威厳　　赤／虚栄心
オレンジ／華麗　　黄／偽り

世界中で愛されるユリですが、日本に多く自生するユリも、シーボルトがヨーロッパに持ち帰ったことから、美しく観賞価値が高い花として人気となりました。ヨーロッパでは、古くから紋章や装飾のモチーフになっており、特にキリスト教では白ユリをマドンナリリーと呼び、聖母マリアを象徴する花としています。花言葉の「純粋」「純潔」はこの聖母マリアのイメージから、「威厳」は花の堂々とした姿からきたものです。また、キリストが十字架に架けられるときに他の花が首をもたげたのに対し、ユリだけが頭を上げていましたが、キリストに見つめられ、自分が思い上がっていたことに気づき赤くなったという逸話から、赤いユリの花言葉「虚栄心」が生まれました。

DATA
分類：ユリ科ユリ属
原産地：日本、ヨーロッパ
開花時期：5〜8月　別名：――
花色：白、オレンジ、赤、黄、ピンク
香り：強い香り

Lavender

初夏の色と香りの代表格
ラベンダー

* 花言葉 *

沈黙　繊細　優美

「ハーブの女王」といわれるほど強い芳香を放ち、古くから、殺菌作用や、不眠症などの症状を和らげる効果があるとされてきました。"Lavender" の語源は、ラテン語 "lavo"（洗う）で、古代ローマ人が入浴の際にラベンダーを湯の中に入れていたことにちなんでいます。花言葉の「沈黙」は、数多い効能の一つ、興奮状態を安定させる作用からつきました。

DATA
分類：シソ科ラベンドラ属　原産地：南ヨーロッパ
開花時期：6〜8月　別名：クンイソウ（薫衣草）
花色：紫、青、白、ピンク　香り：強い芳香あり

Lamb's ears

ふわふわの綿毛も癒しの効果
ラムズイヤー

花言葉

あなたに従う 誘惑

全体が綿毛におおわれていて、葉の形と、やわらかい感触が子羊の耳を連想させることからついた英名が、そのまま日本の流通名になっています。独特のシルバー色をしているため、アレンジメントでは貴重な花材ですが、庭植えにすると、シソ科のハーブとして害虫を避けるコンパニオンプランツの役割も果たします。葉にはさわやかな香りがあり、乾燥させるとポプリやクラフトに利用できます。

DATA
分類：シソ科スタキス属
原産地：コーカサス、イラン
別名：ワタチョロギ（綿草石蚕）、ウーリーベトニー　開花時期：5〜7月
花色：紫　香り：さわやかな香り

Silver tree

エキゾチックな熱帯花
リューカデンドロン

花言葉

もの言わぬ恋
閉じた心を開く

色づいた苞（ほう）に包まれた花が徐々に開いていてくる様は、まさに花言葉「閉じた心を開く」がぴったりです。日本には主に南半球から切り枝として輸入されていますが、最近暖かい地方では庭に植えられるようになってきました。ギリシャ語でリューカは「白い」、デンドロンは「木」の意味で、生長すると1mを超える背丈になります。

DATA
分類：ヤマモガシ科
リューカデンドロン属
原産地：南アフリカ
別名：ギンヨウジュ（銀葉樹）
開花時期：5〜8月
花色：赤　香り：無香

夏

「どん欲」といわれるほどの生命力
ルピナス

花言葉
想像力 いつも幸せ

フジに似た花房で、下から上に咲き進むことから「昇り藤」の別名もあります。花名はラテン語の"lupus"(オオカミ)が語源で、荒れた地でも生存できる強靭さに由来し、実際に世界各地で野生化して問題になっています。現代は観賞用が主ですが、昔のヨーロッパでは食料として栽培されており、ルピナスの花を食べると心が明るくなり想像力が高まると信じられていました。花言葉の「想像力」「いつも幸せ」はこのことにちなんでいます。

DATA
分類：マメ科ルピナス属
原産地：南北アメリカ、南アフリカ、地中海沿岸
別名：ノボリフジ(昇り藤)　開花時期：5〜6月
花色：青、紫、ピンク、白、赤　香り：無香

Small globe thistle

ポンポンとした丸い姿が愛らしい
ルリタマアザミ(瑠璃玉薊)

＊花言葉＊

鋭敏　傷つく心

直径4〜5cmほどのピンポン球のような瑠璃色の花を咲かせること、葉にトゲがありアザミに似ていることから花名がつけられました。別名のエキノプスは、ギリシャ語でハリネズミの意味で、花言葉も、針山を丸くしたような花の姿に由来しています。独特な形と珍しい青紫色の花は、庭植えにすると渋さがアクセントになり、アレンジメントの花材としても人気です。

DATA
分類：キク科ヒゴタイ属
原産地：南ヨーロッパ、東南アジア
別名：エキノプス、
ウラジロヒゴタイ（裏白平江帯）
開花時期：7〜9月
花色：青紫、白　香り：無香

Waxflower 夏

繊細な花姿のワイルドフラワー
ワックスフラワー

＊花言葉＊

気まぐれ　繊細
かわいらしさ

オーストラリアの固有種です。花の表面がワックスをかけたようにつやつやしているため、この名前がつきました。細く無数に枝分かれした茎の先に、コンペイトウのような小さな花をたくさんつけ、一本でもボリュームがあるため、アレンジメントの脇役として活躍します。花言葉の「気まぐれ」は、あちらこちらの方向に枝分かれした姿からきています。

DATA
分類：フトモモ科カメラウキウム属
原産地：：オーストラリア
別名：カメラウキウム
開花時期：5〜6月
花色：ピンク、白、赤、紫
香り：甘い香り

季節の花あしらい
Summer

ヒマワリとダリア、ローズゼラニウムリーフの夏の香りアレンジメント

夏の強い光を浴びて元気に咲いたダリアとヒマワリ。それぞれの花が同じ方向に向いていない無造作感がアレンジメントのポイントです。伸びやかなローズゼラニウムリーフがさわやかな香りを放ちながら、全体をバランスよくまとめます。

使用した花材

- ヒマワリ ……… 9本
- ダリア ……… 5本
- ローズゼラニウムリーフ ……… 8本

How to arrange

ポイント それぞれの花同士のまとまりをつくりながら、無造作に向きを変えてアレンジしていきます。

1 水に浸かる部分の葉を取ってからローズゼラニウムリーフ6本を花器に入れます。

2 5本のダリアの丈を変えながら、1の間に挿し入れていきます。長さはすべて、1よりも短くします。

3 花びら同士がなるべく重ならないように、花の向きが同じにならないようにするのがポイントです。

4 ヒマワリ7本をダリアの隣や後方に挿し入れます。茎の長さや花の向きは変えます。

5 残りのヒマワリをダリアの間にバランスよく挿し入れます。

6 ローズゼラニウムリーフの残りを挿して全体をまとめます。

> **Lesson 1**

花の選び方

お花屋さんで、下記のことをチェックして元気な花を選びましょう。

萼(がく)
新鮮な花は、萼の先端まで張りがあり、ピンとしています。

花
花びらがふっくらとして厚みがあり先端まで瑞々しく見えるものを選びます。花びらの先端が茶色に変色していたり、上向きに咲く花が下を向いていたりしているのは、古かったり水切れを起こしたりしているサインなので注意しましょう。

つぼみ
つぼみでもどんどん開いていくものもありますが、小さすぎるつぼみは開かないことのほうが多いようです。花ごとにいろいろなので、お花屋さんに確認するようにしましょう。

葉
葉につやがあるか、穴や傷がないか、破れたりしていないかをチェックします。

茎
傷がついていないか、先端までピンとしているかを確認します。

一輪咲きとスプレー咲き
花茎の先端に一輪だけ花がついているものと、写真のように一つの茎が途中から分かれていくつも花をつけているものがあります。前者を「一輪咲き」、後者を「スプレー咲き」、または「房咲き」といいます。スプレー咲きは、枝の切り方によって花の本数が変わります。ちなみに、写真のトルコギキョウの場合、点線位置で茎を切れば花は3本分になります。

> Lesson 2

花材の役割

ブーケやアレンジメントに必要な花材の役割を知っておきましょう。

メイン

バラ、トルコギキョウ
ブーケやアレンジメントの中心になる花です。一輪でも映える華やかさを持っているものを。

サブ

ベニバナ
メインの花を引き立てながら、空間を埋める役割を果たします。ボリュームのあるものがおすすめ。

エキストラ

ローズゼラニウムリーフ
葉、枝物、実物など、メインの花の引き立てに徹しながら、ボリュームアップさせることができる花材です。全体のバランスを整える役割も果たします。

ラッピングの手順

庭の花を摘んでプレゼントするときなど、ご自身でラッピングする際にお役立てください。

1 ブーケをつくったら、茎先をそろえて切ります。

2 たっぷりの水で湿らせたコットンなどで茎の先端を包みます。

3 さらにポリ袋をかけてセロハンテープなどで留めます。

4 一枚目は、花を傷めないように、やわらかい紙で包みます。

5 花の高さに合わせて、紙を外側に折ります。

6 花を保護するために、さらに一回り大きい紙に包みます。

ラッピングの色で変わるイメージ

包む色でさらにブーケの魅力が引き立ちます。

ナチュラル

**ブーケ+茶色の
ラッピングペーパー**

茶色のラッピングペーパーは、どんな花色も引き立てます。迷ったときは茶系統の色を選べば間違いありません。

スタイリッシュ

**ブーケ+同系の濃い色の
ラッピングペーパー**

ブーケと同じ暖色系の濃い色のラッピングペーパーで包むと、やさしいブーケの印象がキリリと引き締まります。

スイート

**ブーケ+同系の薄い色の
ラッピングペーパー**

ブーケと同じ暖色系で薄い色のラッピングペーパーで包むと、やさしいブーケの印象がさらにやさしく甘い雰囲気になります。

モダン

**ブーケ+反対色の濃い色の
ラッピングペーパー**

ブーケと反対色の濃い色のラッピングペーパーで包むと、ブーケをキリリと引き締めながら、モダンな印象になります。

秋の花

能楽の演目にもなった花
オミナエシ（女郎花）

＊花言葉＊

美人　永久　忍耐　親切

秋の七草の一つで、万葉の昔から日本人に親しまれてきた花です。花名には諸説ありますが、女性をも圧倒する美しさ「おみな（女性）圧し（圧倒する）」からきたといわれており、花言葉もそれにちなんでいるようです。黄色の小さな花が集まって咲く様が、雑穀の粟にも見えることから、「粟花」「粟米花」という別名でも呼ばれています。

DATA
分類：オミナエシ科オミナエシ属
原産地：日本を含む東アジア
別名：オミナメシ（女飯）、アワバナ（粟花）、アワゴメバナ（粟米花）
開花時期：8〜10月
花色：黄　香リ：独特のにおい

Dancing lady orchid

秋

インスピレーションが広がる花姿
オンシジウム

＊花言葉＊
可憐　一緒に踊って

細かい黄色い花が房のようになって咲くイメージが強いオンシジウムですが、チョコレート色や赤色などもあり、寒さに比較的強く花期も長いので、鉢植えは冬のギフトにも適しています。花言葉の「可憐」「一緒に踊って」は、空を舞う蝶々や、ドレスを広げて優雅に踊っている女性のように見える花姿から連想したもので、英名が"Dancing lady orchid"とついているのも同様の理由からです。また、雀の群れが飛んでいるような様子にも見えることから「雀蘭(すずめらん)」という別名もあります。

DATA
分類：ラン科オンシジウム属
原産地：中南米(熱帯アメリカ)
別名：スズメラン（雀蘭）、
ムレスズメラン（群雀蘭）
開花時期：10〜翌4月
花色：黄、ピンク、オレンジ、赤、茶、白　香り：品種による

Cattleya

ドレスのコサージュといえばこの花

カトレア

花言葉

**優美な貴婦人　魔力
魅惑的　わがままな美人**

花名はこの花の最初の栽培に成功したイギリスの園芸家ウイリアム・カトレーにちなんだもの。数多い洋ランの中でもひときわ大きく色彩も多様で甘い香りを放ちます。その豪華なイメージから、フォーマルシーンには欠かせない花で、花言葉も洋ランの女王としての印象をそのままに、ちょっと近寄りがたい気品あふれる女性を表しています。

近年は品種改良が進み、かわいらしいミニカトレアや、花茎の長いタイプなども出回っています。

DATA

分類：ラン科カトレア属
原産地：中南米(熱帯アメリカ)　別名：カトレヤ
開花時期：10～翌2月　花色：赤、ピンク、白、黄、オレンジ　香り：甘い香り

秋

Chrysanthemum

秋を彩り、秋の味覚にもなる
キク（菊）

＊花言葉＊

高貴　高尚　高潔
_赤／あなたを愛しています
_白／真実
_黄／破れた恋

皇室の家紋に使われているほど高貴な花で、春のサクラと同様に秋を代表する花です。皇室の家紋として使われ始めたのは後鳥羽上皇の時代（12世紀後半）からといわれており、花言葉は気品に満ちたその花姿のイメージからきているといえるでしょう。江戸時代に品種改良が進み、江戸菊、佐賀菊、伊勢菊など、今に伝わる多くの品種が誕生しました。苦みの少ない品種は、食用菊として栽培されています。

秋

DATA
分類：キク科キク属　　**原産地**：日本、中国
別名：ホシミグサ（星見草）、
チヨミグサ（千代見草）　　**開花時期**：9〜11月
花色：赤、黄、白、ピンク、オレンジ、青、
緑、紫、複色など　　**香り**：さわやかな香り

Sulphur cosmos

夕暮れの光と共鳴する美しさ
キバナコスモス

＊花言葉＊

野性的な美しさ　自然美
幼い恋心

秋の夕暮れの中、輝くようなオレンジ色のこの花の群生をよく見かけますが、夕日に輝くのは、オレンジ色の色素が紫外線に反応するためです。コスモスと同じメキシコ原産ですが大正時代に日本に渡来し、すっかり気候風土になじんでいます。一度根づくとこぼれ種でどんどん増えるのが特徴で、花期も長く、夏から秋遅くまで咲き続けます。花言葉の「野性的な美しさ」「自然美」は、そんな野趣あふれる花の性質からつけられました。

DATA
分類：キク科コスモス属　原産地：メキシコ
別名：キバナアキザクラ（黄花秋桜）
開花時期：8〜11月　花色：黄、オレンジ
香り：無香

Fragrant olive

秋の訪れを知らせる香り
キンモクセイ（金木犀）

＊花言葉＊

謙虚　真実の愛　初恋
陶酔　気高い人

この花の香りが街に漂い始めると、秋本番を感じるという方も多いのではないでしょうか。花が散ると木の下が黄金色のカーペットのように見えるのも趣があります。花言葉の「謙虚」は、素晴らしい香りを放つのに、花が意外に小さいことからつけられたものです。

DATA
分類：モクセイ科モクセイ属
原産地：中国　別名：モクセイカ（木犀花）、タンケイ（丹桂）　開花時期：9〜10月
花色：黄　香り：強い芳香

Flost flower

クジャクの羽根のように華やか
クジャクソウ（孔雀草）

＊花言葉＊

いつもご機嫌　可憐

無数に枝分かれした先に小さな花を咲かせる姿が、孔雀の羽根のように見えることが花名の由来で、ヨーロッパでは、大天使ミカエルの祝日のころに咲くので"Michaelmas daisy"とも呼ばれています。花言葉は、そんな小花たちが、仲よく秋風に揺れている様子からイメージされたものです。

DATA
分類：キク科アスター属　原産地：北アメリカ
別名：クジャクアスター（孔雀アスター）、シュッコンアスター（宿根アスター）
開花時期：8〜11月　花色：白、ピンク、紫、青　香り：無香

日本の秋を明るく彩る

コスモス

花言葉

乙女の真心　謙虚
調和　平和　美しさ
赤／愛情　調和
白／優美
ピンク／純潔

原産地のメキシコではピンク一色ですが、花びらに少しだけオレンジ色が入っている花を見つけた日本の育種家が、オレンジ色のコスモスをつくり出したことから始まり、日本で盛んに品種改良が行なわれるようになりました。今ではいろいろな花色が日本の秋を彩っており、英名でも"Japanese cosmos"と呼ばれています。花名のコスモスはギリシャ語で「秩序」「調和」を意味し、転じて「宇宙」や「美」の意味も含まれるようになりました。「調和」「平和」「美しさ」といった花言葉はそれに由来しています。

秋

DATA
分類：キク科コスモス属　原産地：メキシコ
別名：アキザクラ（秋桜）、
　　　オオハルシャギク（大春車菊）
開花時期：8〜10月　花色：ピンク、赤、
白、黄、オレンジ　香り：ほのかな香り

Saffron crocus

黄色の染料を持つクロッカスの仲間
サフラン(咱夫藍)

＊花言葉＊
節度の美　陽気　喜び　愉快

雌しべから、香料や染料を採取するために、古代ギリシャの時代から栽培されていた球根植物です。今でも、スペイン料理などには欠かせませんが、100gの染料をつくるのに1万5000本の花が必要といわれています。「陽気」「喜び」「愉快」といった花言葉は、薬として服用したときに鎮静効果があり、気分を晴れやかにすることに由来しています。

DATA
分類：アヤメ科サフラン属
原産地：南ヨーロッパ、北インド
別名：バンコウカ(番紅花)、
アキザキクロッカス　開花時期：11月
花色：紫　香リ：無香

China root

クリスマスリースの材料に
サンキライ(山帰来)

＊花言葉＊
不屈の精神

近くの植物に、カギ状のトゲを使ってツルをからみつかせながら伸びていくのが特徴です。晩秋に実が赤く熟すとクリスマスのリースなどに使いますが、かつては毒消しの薬としても利用していました。花名の「山帰来」は、「山に行って薬になるこの実をとって帰ってくる」という意味です。

DATA
分類：サルトリイバラ(ユリ)科サンキライ属
原産地：日本、中国、朝鮮半島、インドシナ半島
別名：サルトリイバラ(猿捕茨)
開花時期：4〜5月　結実時期：8〜12月
花色：黄緑　香リ：無香

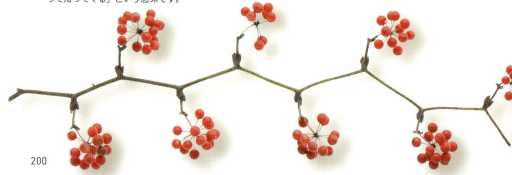

Tatarian aster

遠くの人を思い続ける花
シオン（紫苑）

＊花言葉＊

追憶 君を忘れない
遠くの人を想う

『今昔物語集』には、父親の死後、墓前に思いを忘れさせるといわれるカンゾウを植えた兄と、思いを忘れさせないといわれるシオンを植え、毎日、墓参した弟の話があり、花言葉の「追憶」「君を忘れない」はここからつけられました。また、古く中国では亡くなった人の魂を呪術で呼び戻すときにも使われたことから、花言葉「遠くの人を想う」が生まれたのでしょう。

DATA
分類：キク科アスター属
原産地：日本、朝鮮半島、中国、シベリア
別名：オニノシコグサ（鬼の醜草）、ジュウゴヤソウ（十五夜草）
開花時期：9〜10月
花色：紫、白　香り：無香

Japanese anemone

名はキクでもアネモネの仲間
シュウメイギク（秋明菊）

＊花言葉＊

忍耐 薄れゆく愛 多感なとき

古い時代に中国からやってきた帰化植物です。キクに花姿が似ており、京都の貴船川周辺に多く生えていたため、「貴船菊（きぶねぎく）」という別名がついていますが、キクではなくアネモネの仲間です。半日陰の湿り気がある場所を好む傾向があるため、花言葉は少し暗い印象のものがついています。

DATA
分類：キンポウゲ科イチリンソウ属
原産地：中国、ヒマラヤ地方
別名：キブネギク（貴船菊）、シュウボタン（秋牡丹）
開花時期：9〜11月　花色：白、ピンク　香り：無香

里山の秋をつくる
ススキ(薄)

＊花言葉＊

活力 精力 隠退

秋の七草の一つで、穂は秋の深まりとともに白いフワフワとした羽毛状に変化し、それが風に揺れる姿が動物の尾のように見えることから「尾花(おばな)」という別名もあります。一部の地域でススキ野原を維持していくために春に野焼きが行われていますが、焼き払っても秋には再び美しい野原をつくる生命力を持っており、花言葉の「活力」「精力」はそんなススキの強さからつけられました。

DATA
分類：イネ科ススキ属　原産地：日本、朝鮮半島、中国、台湾　別名：オバナ(尾花)
開花時期：8〜10月　花色：白　香り：無香

Susuki grass

Goldenrod

強い繁殖力で増える
セイタカアワダチソウ(背高泡立草)

＊花言葉＊

生命力 元気

北アメリカ原産の帰化植物で、以前は日本中の河原を黄色に染めあげましたが、今では減少傾向にあります。これは、セイタカアワダチソウが出す周囲の植物の生育を抑制する物質(アレロパシー物質)が、自分にも効いてしまうためです。花言葉もその強い繁殖力にちなんでいます。花名は、丈があり花が泡立っているように見えることからつけられたもので、英名の"Goldenrod"(金の鞭)は、しなやかな茎と金色に輝く花姿からきています。

DATA
分類：キク科アキノキリンソウ属
原産地：北アメリカ
別名：セイタカアキノキリンソウ
(背高秋の麒麟草)
開花時期：10〜11月
花色：黄
香り：無香

Buckwheat

淡雪のように素朴な花
ソバ(蕎麦)

花言葉
懐かしい思い出 喜びも悲しみも あなたを救う

初秋の信州を旅すると、淡雪のように真っ白に染まった、のどかなソバ畑の風景に出合います。遅くとも縄文時代には日本に伝播していたといわれるソバですが、現在のような細い麺状にして食べられるようになったのは、江戸時代中期から。稲が育たないやせた土地や冷涼な地域でも生長することから、飢餓に備える穀物として重用されてきました。花言葉は、ソバが日本人の食生活を支えてきた穀物の一つであることを物語っています。

DATA
分類：タデ科ソバ属
原産地：中国北部、シベリア
別名：ワソバ（和蕎麦）
開花時期：9〜10月（秋まき）、4〜5月（春まき）
花色：白、薄ピンク、赤
香リ：無香

Chocolate cosmos

色も香りもチョコレート
チョコレートコスモス

花言葉

**恋の終わり 恋の思い出
移り変わらぬ気持ち**

花名のごとく、花色と香りがチョコレートのような、コスモスに似た花です。花言葉も、バレンタインデーにちなみ、恋にまつわるものが多くなっています。メキシコ原産で日本には大正末期に入ってきましたが、寒さに少し弱いので暖かい地方以外は室内に入れないと冬越しができません。シックな色は存在感があり、秋のアレンジメントの花材や花壇に重宝されています。

DATA
分類：キク科コスモス属
原産地：メキシコ
別名：ビデンス・アトロサンギネア
開花時期：8～11月
花色：チョコレート色
香り：チョコレートの香り

赤い実が主役の植物
ツルウメモドキ（蔓梅擬）

＊花言葉＊
真実　開運　大器晩成

花は小さくて目立ちませんが、秋遅く、まわりの木々が葉を落としだすと、にわかに黄色い果皮がはじけて、艶やかな朱色に変わります。実は、鳥に食べられなければ春までついているので、クリスマスや早春の生け花などにも使われます。花言葉は、黄色い果皮がはじけ、中から美しい実が現れる性質にちなんだものです。

DATA
分類：ニシキギ科ケラストルス属
原産地：サハリン、中国
別名：ツルモドキ（蔓擬）
開花時期：5〜6月
結実時期：10〜12月
花色：黄緑　香り：無香

Oriental bittersweet

Japanese silver leaf

庭の片隅に咲く晩秋の花
ツワブキ(石蕗)

＊花言葉＊

愛よよみがえれ　謙譲

花名は、フキに似たツヤのある葉を持つため「ツヤ蕗」から転じたといわれており、花言葉の「愛よよみがえれ」は、その葉の間から、毎年秋が深まると茎をスッと伸ばし花を咲かせ、庭を明るく彩ることにちなんでいます。フキと同様に食用にもなり、九州名産のキャラブキは、この植物の茎が原料です。

▶ DATA

分類：キク科ツワブキ属
原産地：日本、台湾、中国南部、朝鮮半島
別名：ツヤブキ（艶蕗）、イシブキ（石蕗）、ミズブキ（水蕗）
開花時期：10〜12月
花色：黄　香リ：無香

Chile pepper

辛い料理には欠かせない
トウガラシ(唐辛子)

＊花言葉＊

嫉妬　旧友　雅味

コロンブスがアメリカ大陸からスペインに持ち帰ったときに胡椒と間違えて"pepper"と紹介したことから、英名では今でもペッパーと呼ばれています。日本には16世紀後半にポルトガル人によってもたらされ、当時は観賞したり、薬として用いられたりしました。花言葉の「嫉妬」は、青い実が赤く変わっていく様子から連想したものです。

▶ DATA

分類：ナス科トウガラシ属
原産地：南アメリカ
別名：カプシカム、チリペッパー
開花時期：6〜8月
結実時期：8〜10月
花色：白　香リ：無香

Diamond lily

ダイヤモンドのように輝く花びら
ネリネ

花言葉

華やかさ　また会う日を楽しみに
忍耐　箱入り娘

花が咲いてから葉が出てくるのが特徴です。花名は、ギリシャ神話の水の精「ネレーイス」からつけられており、花言葉の「箱入り娘」は、ネレーイスが、海底で歌ったり踊ったり糸をつむいだりと、箱入り娘のような生活をしていたことに由来しています。秋の光にキラキラ輝く姿がダイヤモンドの輝きをイメージさせることから、「ダイヤモンドリリー」という別名もあります。

秋

DATA
分類：ヒガンバナ科ネリネ属
原産地：南アフリカ
別名：ダイヤモンドリリー、ヒメヒガンバナ（姫彼岸花）
開花時期：10〜12月
花色：ピンク、濃ピンク、赤、青、紫、白、黄
香り：無香

陰のイメージに変化の兆し
ヒガンバナ（彼岸花）

＊花言葉＊

あなたに一途　悲しき思い出　情熱

毎年、時季を違えることなく秋のお彼岸に突然咲き出します。日本には救荒植物（飢饉のときに食料にする植物）として中国から入ってきたといわれており、球根にある毒は、一日流水にさらすと消えます。球根にある毒が死を、花の赤色が血を連想させることから、不吉な花とされてきましたが、最近では花の美しさが注目され、各地に名所ができています。花言葉の「あなたに一途」「情熱」は、葉一枚さえもつけない茎の先に情熱的な色の花を咲かせることから、「悲しき思い出」は墓地に多く咲くことからつけられました。

DATA

分類：ヒガンバナ属ヒガンバナ科　原産地：中国
別名：マンジュシャゲ（曼珠沙華）、テンガイバナ（天蓋花）、リコリス
開花時期：9〜10月　花色：赤、黄、白　香り：無香

Red spider lily

乾燥葉は桜餅の香り

フジバカマ（藤袴）

＊花言葉＊

ためらい やさしい思い出 あの日を思い出す

『源氏物語』や『徒然草』にも登場する、古くから日本人に親しまれてきた秋の七草の一つです。奈良時代に渡来した帰化植物ではないかといわれていますが、現在は、野生の状態ではほとんど見かけなくなりました。葉は乾燥させるとよい香りを放ち、昔は女性がにおい袋の中に入れて身につけたり、髪の毛を洗うときに使ったりしていたそうです。花は無香ですが、渡りをするアサギマダラという蝶が蜜を吸いにやって来ます。花言葉の「ためらい」は、花が少しずつ咲く様子からつけられました。

DATA

分類：キク科ヒヨドリバナ属
原産地：朝鮮半島、中国
別名：ユーパトリューム
開花時期：10〜11月
花色：紫、青、ピンク、白
香り：乾燥葉や茎は桜餅の葉に似た香り

Sydney flannel flower

まっ白でふわふわの花びら
フランネルフラワー

＊花言葉＊

高潔 いつも愛して 誠実

軽くてやわらかい毛織物「フランネル」のようなふわふわとした花弁を持つことから花名がつけられました。原産地のオーストラリアでは、かんかん照りの太陽の下、直射日光を白い毛で遮りながら咲き続けますが、蒸し暑い日本の気候はかなり苦手です。花言葉は白い花のイメージからきており、ウエディングの花としても人気があります。

DATA
分類：セリ科アクティノツス属
原産地：オーストラリア
別名：アクチノタス
開花時期：9〜12月、4〜6月
花色：白　香リ：無香

Toad lily

ドットの模様で自己主張
ホトトギス（杜鵑草）

＊花言葉＊

永遠　秘めた思い

花びらや葉に入る斑点模様が、鳥のホトトギスの胸の模様と似ていることから花名がつけられました。日本には野生種が多く分布していて、花びらに斑点の入るものや黄色い花のもの、また花が上向きに咲くタイプや下向きに垂れ下がって咲くタイプなどが見られます。花言葉の「永遠」は、晩夏から晩秋まで長く咲き続けることにちなんでいます。

DATA
分類：ユリ科ホトトギス属
原産地：日本、台湾、朝鮮半島、中国南部
別名：ユテンソウ（油点草）、
ジャパニーズトードリリー
開花時期：8〜11月
花色：白に紫の斑点、黄に赤紫の斑点、白など
香り：無香

Jumpseed

縁起のよい紅白色の花
ミズヒキ（水引）

＊花言葉＊

感謝の気持ち　喜び　お祝い　寿

花名は、贈答品につける飾り紐の「水引」に花の姿が似ていることからついたといわれていますが、一つひとつの小花は上から見ると白く、下から見ると赤いので、花そのものが紅白でめでたいことが由来になっているのかもしれません。花言葉もお祝い事にちなみ、おめでたい意味のものばかりです。なお、黄色い花のキンミズヒキ（金水引）は、名前は似ていますがまったく違うバラ科の植物です。

DATA
分類：タデ科ミズヒキ属　原産地：日本、朝鮮半島、中国、インドシナ半島、ヒマラヤ地方
別名：ミズヒキソウ（水引草）　開花時期：8〜10月
花色：赤、白　香り：無香

草原に明るく咲く
ユリオプスデージー

＊花言葉＊

明るい愛　円満な関係　清潔

「ユリオプス」はギリシャ語で「大きな目を持つ」という意味で、盛り上がった花の中心が目のように見えることからつけられました。生長すると株がこんもりと茂る丈夫な植物で、花が少なくなる晩秋から開花し、暖かい地域では、冬の間も花を咲かせ続けます。花言葉は、そんな花の明るいイメージや、こんもりと茂る株の姿に由来しています。

DATA
分類：キク科ユリオプス属
原産地：南アフリカ
別名：ブッシュデージー
開花時期：11〜翌4月
花色：黄　香リ：無香

Euryops daisy

Yomena

ありのままの美しさが魅力
ヨメナ（嫁菜）

＊花言葉＊

従順　隠れた美しさ

秋晴れの空の下、野原やあぜ道などに控えめな紫色の花が静かに咲いている様は、まさに日本の原風景といえるでしょう。花名は、昔は、嫁にいく年頃の女性がこの花を好んだため、また、ネズミのことを「ヨメ」と呼び、畑の作物を食べられないようにこの花を植えていたためなど、諸説あります。山菜でもあり、若葉を入れて炊いた嫁菜飯は、春の季語になっています。

DATA
分類：キク科シオン属
原産地：日本(本州中部以西)
別名：ハギナ（萩菜）
開花時期：8〜10月
花色：薄紫　香リ：無香

Burnet bloodwort

日本人の美意識に合う奥ゆかしさ
ワレモコウ（吾亦紅）

花言葉

移りゆく日々　あこがれ　変化

丸い実に見えるのは小さな花が集まった花穂で、それらが秋の空に向かって誇らしげに咲く風景は、決して派手ではないのですが、古くから歌に詠まれ、茶人にも愛されてきました。地味な茶褐色の花色ですが、「われもまた紅なり」（私も美しい紅色の花の仲間だ）と花が主張しているように見えることから、花名がつけられたという説があります。花言葉の「移りゆく日々」は夏から秋へ移り変わる季節に咲いていることが由来です。

秋

DATA
分類：バラ科サンギソルバ属
原産地：日本、朝鮮半島、中国、シベリア、ヨーロッパ
別名：チユ（地楡）、ダンゴバナ（団子花）
開花時期：8～10月
花色：赤　香リ：無香

季節の花あしらい
Autumn

秋色アジサイで
シャビーシックな
大人のリース

梅雨の時季に最盛期を迎えるアジサイですが、花を切らずに枝につけたままにしておくと、退色しながらも、こっくりとした色合いに花が変化していきます。最近では秋になるとこの秋色アジサイがお花屋さんにも置かれるようになりました。枝のまま、あるいはリースにしてから吊るしておけば、簡単にドライフラワーにすることもできます。

使用した花材

秋色アジサイ ……… 5〜6本
リース用リング ……… 直径25cm
麻紐 ※適量を糸巻きに巻いておく

How to arrange

ポイント 小房に分けたアジサイを隙間がないように詰めながら、麻紐でしっかり巻きつけていきます。

1 リングの1カ所に麻紐を巻いて、一結びします。

2 アジサイを小房に切り分けます。

3 1の紐の上に2の小房に分けたアジサイを置き、麻紐で一巻きしてしっかり締めます。

4 3で巻きつけた紐の上に次の小房を少し下げて置いて、麻紐で一巻きして締めます。これを繰り返し、隙間がないように1の位置までアジサイを巻きつけていきます。

5 最後は巻いてある紐に糸巻きを通してしっかり締め、吊るせるように輪をつくってから紐を切ります。

Lesson 1 秋色アジサイを枝ごとドライに

枝ごと逆さにして吊るし、花がカラカラになったら完成です。

1 2本ぐらいずつ合わせ、茎の先に輪ゴムを巻きつけて留めます。

2 1の間に麻紐を通して、吊るすための輪をつくります。

3 直射日光が当たらない風通しのよいところに吊るします。

Lesson 2 ドライ秋色アジサイでアレンジメント

吸水フォームに挿すと茎が固定されるので、全体の形が整えやすくおすすめです。

1 ドライの花材、吸水フォームを詰めた花器を準備します。

2 アジサイの赤系を大きめの小房に切ります。

3 バラ、青系アジサイも、2と長さを切りそろえておきます。

4 バラと青系アジサイを挿すスペースを残して、赤系アジサイを挿し入れて、こんもりとまとめます。

5 バラと青系アジサイを挿し入れてアクセントにします。

6 好みでアジサイをこんもりと足して完成させます。

冬の花

Japaneses apricot

花も実も日本人の暮らしのそばに
ウメ(梅)

＊花言葉＊
高潔　澄んだ心　忠義　潔白

中国では、マツやタケとともに、「歳寒三友」と呼ばれ、冬に友とすべき植物とされています。日本には、遣隋使の時代に渡来し、以後、新年や早春を象徴する花として愛されてきました。花言葉は、厳寒の中で咲く花の凛とした姿をイメージしたものが多いのですが、「忠義」は、菅原道真が大宰府に左遷されたときに、道真の家の庭に植えられていた白梅が、道真を慕うあまりに、一夜のうちに後を追って大宰府に降り立ったという伝説に由来しています。

DATA
分類：バラ科サクラ属
原産地：中国
別名：コウブンボク（好文木）、
ハルツゲグサ（春告草）、
コノハナ（木の花）
開花時期：1〜3月
花色：白、ピンク、赤
香り：甘い香り

冬

ツバキと呼んでもサザンカの仲間
カンツバキ（寒椿）

＊花言葉＊

謙譲　愛嬌

ツバキという名がついていますが実はサザンカの仲間で、関西では、別名の「獅子頭」のほうで呼ぶことが多いようです。ツバキとの違いは葉が小さくて縁のギザギザ（鋸歯）がはっきりしていること、花ごと落ちるのでなく花びらが一枚ずつ散ることなどです。花言葉の「謙譲」は、赤いサザンカと同じで、ツバキよりも控えめな花姿から来ています。

DATA
分類：ツバキ科ツバキ属
原産地：日本
別名：シシガシラ（獅子頭）、タチカンツバキ（立寒椿）
開花時期：12〜翌3月
花色：濃ピンク　香リ：無香

Winter flowering Camellia

Hafa lily

エキゾチックな冬の切り花
キルタンサス

＊花言葉＊
はにかみ屋　屈折した魅力

スッとのびた花茎から、細長いラッパ状の花をうつむきぎみに咲かせる様は、まさに花言葉にある「はにかみ屋」「屈折した魅力」のイメージで、花名もギリシャ語の「キルトス」(曲がった)に由来しています。夏に咲くタイプと冬に咲くタイプがありますが、どちらも南アフリカが原産で岩場や草原に自生しています。オレンジやピンク、黄色などの色合いがかわいらしく、近年人気の花です。

フォーマルな場にふさわしい上品さ
コチョウラン(胡蝶蘭)

＊花言葉＊
純粋な愛　幸福がやってくる
白／清純
ピンク／あなたを愛しています

蝶が舞っているような清楚で上品なたたずまいから、幸福が舞い込んでくるイメージがあり、ウエディングの花として不動の人気を誇っています。また、鉢植えは「幸せが根づく」という意味が込められ、引っ越しや新築のお祝いの定番です。白やピンクのほかに、最近は青色系のものも見かけるようになりました。

DATA
分類：ヒガンバナ科
キルタンサス属
原産地：南アフリカ
別名：ファイヤーリリー
開花時期：1～3月 (冬型)、
8月 (夏型)
花色：オレンジ、
ピンク、黄、白
香リ：無香

DATA
分類：ラン科コチョウラン属
原産地：東南アジア
別名：ファレノプシス、モスオーキッド
開花時期：周年 (温室)
花色：白、ピンク、赤、青、黄など
香リ：無香

Phalaenopsis aphrodite

Cotton plant

実のあとにフワフワの綿が出現
コットンツリー

＊花言葉＊

私を包んで　崇高　優秀

フヨウやハイビスカスと同じ仲間で、淡い黄色の花が咲いたあと、丸みのある実がなり、熟すとはじけて真っ白な綿が現れます。この綿をとるために、紀元前2500年頃には古代インダス文明の地ですでに栽培されており、日本には奈良時代に入ってきました。綿は衣料に、種は綿実油になり食料にと、今も昔も人の暮らしに直結してきた植物です。なお、花屋さんに出回るコットンツリーは、綿の実が熟したものを茎ごとドライフラワーにしたものです。

DATA
分類：アオイ科ワタ属
原産地：アジア、南アメリカ
別名：ワタノキ（綿の木）
開花時期：6〜10月
結実時期：11〜翌1月
花色：淡黄　香リ：無香

Sasanqua

北風の中でひたむきに咲く
サザンカ(山茶花)

＊花言葉＊

ひたむきな愛　困難に打ち勝つ
白／愛嬌　理想の恋
赤／理性　謙譲　謙虚

日本固有の植物で、江戸時代に日本からサザンカの名でヨーロッパに伝わったため、和名がそのまま英名になっています。自生種は白い花が多いのですが、園芸品種としてはいろいろな色や種類があります。真冬の冷たい風の中、その厳しさにも負けずにひたむきに花を咲かせるので、その姿のままの花言葉「ひたむきな愛」「困難に打ち勝つ」がつけられました。

DATA
分類：ツバキ科ツバキ属
原産地：日本
別名：イワハナビ（岩花火）、ヒメツバキ（姫椿）、ヤブサザンカ（藪山茶花）
開花時期：10〜翌2月　花色：ピンク、赤、白
香り：甘い香り

Cyclamen sow bread

はにかんだような姿が愛らしい
シクラメン

＊花言葉＊

遠慮　内気　はにかみ　気後れ
赤／嫉妬
白／清純
ピンク／憧れ　内気　はにかみ

冬の鉢物の定番中の定番です。サクラソウの仲間で、初冬から春まで次々と花を咲かせます。5枚の花びらを反り返らせて下向きに咲く姿が、はにかんでいるような姿に見えることから、花言葉がつけられました。花が終わって種ができると、花茎（花首）がくるくると円を描くように巻き込むのも特徴で、花名は、ギリシャ語で円を意味する言葉が語源になったといわれています。また、英名の"sow bread"は「雌豚のパン」という意味で、球根が豚の食べ物になることからきており、別名の「豚の饅頭」も同様の理由からです。

DATA
分類：サクラソウ科シクラメン属
原産地：地中海沿岸
別名：カガリビバナ（篝火花）、ブタノマンジュウ（豚の饅頭）
開花時期：10〜翌4月
花色：赤、白、ピンク
香り：ほぼ無香

Cymbidium

冬のインテリアのポイントに
シンビジューム

花言葉

飾らない心　素朴
高貴な美人

冬の豪華な贈答品として、コチョウランとともにもっともポピュラーな花です。洋ランの中では比較的寒さに強く、冬は室内に入れれば冬越しできることもあります。日本人好みの淡い中間色の花が多く、花言葉の「飾らない心」「素朴」はその花色に、「高貴な美人」は気品がある花姿に由来しています。

DATA
分類：ラン科シュンラン属
原産地：東南アジア
別名：——
開花時期：12〜翌5月
花色：ピンク、黄、赤、
白、オレンジ　香り：無香

開花の便りは春の始まり
スイセン（水仙）

花言葉

うぬぼれ　自己愛

ギリシャ神話では、高慢になっていた美少年ナルキッソスが、復習の神ネメシスに呪文をかけられ、水面に映った自分の姿に恋をしますが、水面の中の少年がその想いにこたえることはなく、ナルキッソスは恋の苦しみで憔悴し、そのまま死んでしまいます。その体が、水面を見つめて咲くスイセンになったといわれており、この話から花言葉がつけられました。また、花名は、水辺で咲く姿を仙人に例えた中国の古典に由来しています。

DATA
分類：ヒガンバナ科スイセン属
原産地：スペイン、ポルトガル含む
地中海沿岸のヨーロッパ、北アフリカ
別名：ナルシサス、
セッチュウカ（雪中花）
開花時期：12〜翌4月
花色：黄、白
香り：甘い香り
（ニホンズイセンは独特のにおい）

Narcissus 冬

自然が作り出した造形の美
ストレリチア

＊花言葉＊

すべてを手に入れる
気取った恋　寛容

花の形が極楽鳥に似ていることから「極楽鳥花」とも呼ばれ、英名の"Bird of paradise"も、極楽鳥という意味です。南国の太陽のような明るい色と、ツンと気取った女性を連想させる花の形から、花言葉の「すべてを手に入れる」「気取った恋」がつきました。花名は、植物愛好家として知られたイギリスのジョージ3世の皇后の出身家「ストレリッツ（Strelitz）」にちなんでいます。

DATA
分類：ゴクラクチョウ科ゴクラクチョウ属
原産地：南アフリカ
別名：ゴクラクチョウカ（極楽鳥花）、
　　　ストレチア　開花時期：周年
花色：黄、オレンジ、青、紫
香り：無香

Bird of paradise

Sarcandra

千両に値する美しい赤い実
センリョウ(千両)

＊花言葉＊

富貴　富　恵まれた才能

赤い実の美しさが百金にもまさるといわれ、花言葉もそれにふさわしいものがついています。おめでたい植物として、お正月飾りになくてはならない存在で、マンリョウなどとともに日本人に愛されてきました。マンリョウは葉の下に赤い実をつけますが、センリョウは葉の上にマンリョウよりは小さな赤い実をつけます。

DATA
分類：センリョウ科センリョウ属
原産地：日本、朝鮮半島南部、台湾、中国、インド、マレーシア
別名：クササンゴ（草珊瑚）
開花時期：7〜8月中旬
結実時期：12〜翌1月　花色：白
香り：無香

冬

Dendrobium

完璧なまでの美しさ
デンファレ

＊花言葉＊

わがままな美人　魅惑

花名の正式名は、「デンドロビューム・ファレノプシス」といい、花の形がコチョウランによく似ています。寒さに強いランが多い中で寒さに弱いことから「わがままな美人」、コチョウランに似た美しさから「魅惑」という花言葉がつきました。

DATA
分類：ラン科セッコク属
原産地：東南アジア、オセアニア
別名：デンドロビューム　開花時期：周年（輸入もの）　花色：赤、ピンク、白、青、紫、オレンジ　香り：やさしい香り

Nandina

災難を転じる木
ナンテン(南天)

花言葉

福をなす よい家庭
私の愛は増すばかり

「難を転じる」木として庭によく植えられており、東北（表鬼門）にはヒイラギ、南西（裏鬼門）にはナンテンを植えて鬼門封じとする言い伝えもあります。英名の"Nandina"は、この植物をヨーロッパに持ち帰ったドイツ人医師ケンペルが「ナンテン」の発音を「ナンディン」と聞き取ったことから。ナンテンの仲間に葉が硬くてトゲトゲしている「ヒイラギナンテン」というのもありますが、ナンテンの花が白くてあまり目立たないのに対し、ヒイラギナンテンの花は黄色くて華やかです。

DATA
分類：メギ科ナンテン属
原産地：中国
別名：ナンテンショク（南天燭）
開花時期：6〜7月
結実時期：11〜翌2月
花色：白　香り：無香

冬

Mini marguerite

真っ白な雪のように咲く花
ノースポール

＊花言葉＊

誠実 清潔 愛情 輪廻転生

冬から春にかけての花壇を彩るかわいらしい花です。マーガレットより少し小ぶりの真っ白で清楚な花が春の終わりまで次々と咲き続け、寒い冬の間も、心を和ませてくれます。花言葉も、そんな花の姿からつけられたものでしょう。「ノースポール」とは北極のことで、白い花からの連想といわれています。

DATA
分類：キク科キク属　原産地：北アフリカ
別名：クリサンセマム・パルドーサム
開花時期：12〜翌6月
花色：白　香り：キクの香り

Paphiopedilum

神様が計算した美
パフィオペディラム

＊花言葉＊

思慮深さ　官能的
気まぐれ　優雅な装い

これほど神秘的な雰囲気を漂わせる花はなかなかないと思えるほど、不思議な姿の花です。花の形が左右対称で凛としていて、何者をも寄せつけない高貴さがあり、花言葉はそんな花姿からさまざまに連想されたものです。花名はギリシャ語で「女神のスリッパ」という意味。その由来でもある袋状の花弁は、中に虫を誘い込んで、受粉してもらうためのものです。

DATA

分類：ラン科パフィオペディラム属
原産地：東南アジア、中国南部
別名：レディーススリッパ
開花時期：12〜翌3月
花色：白、黄、緑、赤、紫
香り：無香

Flowering cabbage

ボタンの花のように咲くキャベツ
ハボタン（葉牡丹）

＊花言葉＊
利益　祝福　慈愛　愛を包む

伝統のお正月飾りに使われるなど、日本固有の植物のようですが、実は、ヨーロッパが原産です。17世紀にオランダから食用として渡来し、江戸時代後半に、お正月飾りの一部として使われるようになりました。その後さまざまな葉色や葉の形が出回り、昨今では、真冬の庭や公園の寂しさを補う華やかな植物の定番となっています。花言葉の「利益」は、かつては食料でもあったことから、「祝福」は葉が紅白などおめでたい色に色づくことからきています。

DATA
分類：アブラナ科アブラナ属
原産地：ヨーロッパ
別名：ボタンナ（牡丹菜）、
　　　オランダナ（阿蘭陀菜）、
　　　ハナキャベツ（花キャベツ）
開花時期：4〜5月
観賞期：11〜翌2月
花色：黄　香り：無香

False holly

冬

春の花から冬の人気花に
パンジー

花言葉

もの思い　思い出
紫／思慮深い
黄／つつましい幸せ　記憶
白／温順　愛の思い

本来は春に咲く花でしたが、耐寒性のある品種が出回るようになり、冬の庭を彩る花となりました。花名は、フランス語の「パンセ」(思想)に由来し、大きな花をうつむき加減に咲かせる姿が、もの思いにふける姿に見えることからきています。

DATA
分類：スミレ科スミレ属
原産地：北ヨーロッパ
別名：サンシキスミレ
　　　（三色スミレ）
開花時期：12〜翌5月
花色：紫、白、黄、ピンク、
　　　赤、オレンジ　香り：無香

Pansy

世界中で魔除けとなっている木
ヒイラギ

花言葉

用心深さ　保護

葉には触れると痛いほどのトゲがあり、そのトゲが邪気を払うと信じられ、日本でも昔から魔除けの植物として、庭の鬼門の方角に植えたり、節分にイワシの頭と一緒に玄関の外に飾ったりしてきました。西洋でクリスマスに使われている赤い実のなるセイヨウヒイラギは、モチノキ科で別の植物ですが、こちらも同じく魔除けの意味を持っています。

DATA
分類：モクセイ科モクセイ属
原産地：東アジア
別名：オニノメツキ（鬼の目突き）
開花時期：10〜12月
花色：白　香り：甘い香り

Amur adonis

幸福を呼び込む黄金色の花
フクジュソウ(福寿草)

＊花言葉＊
幸せを招く 永久の幸福

花名は、旧暦の元旦のおめでたいころに、雪の中から顔を出す花ということから、幸福を意味する「福」と長寿を願う「寿」を組み合わせてつけられたもので、花言葉もそれにちなんでいます。日が陰るとしぼみ、日が出ると杯状に黄金色の花びらを広げる姿も、幸せや希望を呼び込むイメージに結びついています。

DATA
分類：キンポウゲ科フクジュソウ属
原産地：日本、シベリア、中国、朝鮮半島
別名：ガンジツソウ（元日草）、
　　　ツイタチソウ（朔日草）
開花時期：1〜3月
花色：黄、オレンジ　香り：無香

Bouvardia

香り自慢の小さな花たち
ブバルディア

＊花言葉＊

幸福な愛　夢
愛の誠実　情熱

花名はルイ13世の時代の王室庭園長ブーバルにちなんでつけられました。丸くふくらんだつぼみの先端が4枚に裂けて十字形に咲き、その姿がチョウジの花に似ていることから、「管丁字」とも呼ばれます。花色は赤やピンクなどもありますが、白色が普通で、その花姿が十字架を連想させるため、ウエディングブーケの花材として人気です。花言葉もそれにふさわしく、幸せや愛に関するものがついています。近年は品種が増え、花びらが5枚になるものや、八重咲きのものも人気です。

DATA
分類：アカネ科ブバルディア属
原産地：メキシコ、熱帯アメリカ
別名：カンチョウジ（管丁字）
開花時期：10〜翌4月
花色：白、赤、ピンク、紫
香り：甘い香り

Poinsettia

クリスマスを彩る花
ポインセチア

＊花言葉＊
祝福 私の心は燃えている 聖夜

クリスマスカラーそのものの植物ですが、花のように見えるのは、葉が変化した苞と呼ばれる部分です。原産地のメキシコでは「ノーチェ・ブエナ（聖夜）」と呼ばれ、17世紀にメキシコに住み着いた宣教師たちが、クリスマスの季節に赤く色づくこの植物を「清純なキリストの血」を表しているとし、クリスマス飾りに使ったとされています。

DATA
分類：トウダイグサ科トウダイグサ属
原産地：メキシコ
別名：ショウジョウボク（猩々木）
観賞期：11～翌3月
花色：赤　香り：無香

Coralberry

千両をしのぐ縁起のよさ
マンリョウ(万両)

＊花言葉＊
寿ぎ 慶祝 金満家

一両（サンキライ）、十両（ヤブコウジ）、百両（カラタチバナ）、千両（センリョウ）、そしてこの万両（マンリョウ）が、幸せや富の象徴として、お正月の縁起物とされてきました。花名は、センリョウよりも実が美しく、見栄えがすることにちなんでいます。英名で"Coralberry"（さんご色の実）と呼ばれるほど艶やかな赤い実が特徴ですが、白や黄色の実をつける品種もあります。

DATA
分類：ヤブコウジ科ヤブコウジ属
原産地：日本、アジア東南部
別名：ヤブタチバナ（藪橘）、コーラルベリー
開花時期：7～8月　結実時期：10～翌2月
花色：白　香り：芳香あり

Mistletoe

冬枯れした木に命を宿す
ヤドリギ（宿り木）

＊花言葉＊

困難に打ち勝つ　克服　忍耐
キスしてください

古代ケルト人達は樫の木を神の木として崇めており、そこに寄生したヤドリギは神聖で、魔力があると考えました。今でもクリスマスには、実のついたヤドリギの枝を吊るし、その下にいる女性にキスをする風習が北ヨーロッパにはあります。花言葉の「困難に打ち勝つ」は、真冬に青々とした葉を茂らせる生命力の強さに由来したものです。

DATA
分類：ヤドリギ科ヤドリギ属
原産地：日本、朝鮮半島、中国、台湾
別名：ホヨ（保与）、ホヤ（保夜）
開花時期：3〜4月　花色：黄　香り：無香

Eucalypt

香り高い銀葉（ぎんよう）
ユーカリ（有加利）

＊花言葉＊

新生　再生　思い出　慰め

木全体がよい香りを持ち、特に葉から採れる精油は、古くから抗菌・抗ウイルス作用があるとされてきました。つぼみのうちは萼（がく）と花弁がくっついて蓋（ふた）状になっており、その蓋が落ちるとほとんど雄（お）しべと雌（め）しべだけの花を咲かせる変わった植物です。花言葉の「新生」「再生」は、木の生長がとても速いことから、「慰め」は、薬やアロマセラピーに利用されることからつけられました。

DATA
分類：フトモモ科ユーカリ属
原産地：オーストラリア
別名：ユーカリノキ（有加利樹）
開花時期：6〜8月
花色：白
香り：木全体に芳香あり

冬

Wintersweet

ロウ細工のような洗練された美しさ
ロウバイ(鑞梅)

＊花言葉＊

奥ゆかしさ　愛情　慈愛

中国ではロウバイ、ツバキ、ウメ、スイセンを「雪中四花」と呼び、冬の花として愛でてきました。日本には、江戸時代に渡来。厳寒期に控えめな色でうつむき加減に咲き、梅に似たよい香りを放つことから、日本人にも深く愛され、早春の茶花や生け花にも欠かせない存在となっています。花名は、花弁が鑞のような光沢をもち、形がウメに似てることからついたという説と、陰暦12月の異名「臘月」にウメに似た花を咲かせることからついたという説があります。

▶DATA
分類：ロウバイ科ロウバイ属
原産地：中国
別名：カラウメ（唐梅）
開花時期：1～2月
花色：黄　香り：甘い香り

冬

季節の花あしらい
Winter

北風に負けない ガーデンシクラメンの 元気コサージュ

北風が吹き抜ける冬の戸外で、たくましく咲き続けるガーデンシクラメン。そんなガーデンシクラメンを摘んで、コニファーの葉とともに小さなコサージュをつくってみました。出来上がったものにコサージュピンを巻きつければ、ドレスの胸元に固定することもできます。ちょっとした贈り物にリボン代わりに添えてもすてきです。

使用した花材

ガーデンシクラメン ……… 6本
コニファーの枝 ……… 2～3本
革紐3mm幅 ……… 適量
麻紐 ……… 適宜

How to arrange

ポイント 革紐の代わりにリボンやレースなどを使って華やかにしてもよいでしょう。

1 コニファーを束ねた上にシクラメンを束ねて重ね、枝と茎をそろえて持ちます。

2 茎の下のほうに革紐を当て、上に向かって茎に巻きつけていきます。

コツ 巻きにくいようならば、花首の下あたりを麻紐などで巻いて仮留めしておきます。

3 上まで巻き上げたら、先端を巻いてある革紐に通してしっかり締めて、紐を切ります。仮留めした場合は仮紐を取り外します。

4 革紐を15～20cmぐらい新たに取り出し、3の位置で一結びしてから、蝶々結びにして完成です。

色とりどりパンジーの気ままなグラスアレンジメント

もともとは春の花だったパンジーですが、近年は秋咲き、冬咲きが定着し、花の少ない季節の重要な花材となりました。お気に入りのガラス小瓶に、色とりどりのパンジーの花を気ままにアレンジすれば、一足早い春を楽しむコーナーが出来上がります。人が考えごとをしている姿に似ているといわれる花の表情を眺めているだけで、自然に心が和みます。

使用した花材

パンジー ……… 14〜15本

How to arrange

ポイント 長さや向きを変えて動きを出すとナチュラルなイメージになります。

1 広口グラスには、5〜6輪を束ねて、グラスの1.5倍程度の長さに茎を切りそろえて生けます。

2 背の高いグラスには、グラスの2倍の長さを最長にして、花の長さに変化をつけて3輪生けます。

3 もう一つの背の高いグラスも**2**と同様に。

4 小さなグラスには、形が整った一輪を選び、葉とともに生けます。

5 花を生けたグラスをバランスよく配置してから、全体を整えます。

目的別逆引き索引

花を贈るときの目的に合わせて、花言葉をまとめました。一つの花で複数の花言葉がついているものも多いので、必ず掲載ページで確認してください。

愛情を伝えたい

あなたに愛されて幸せ	アザレア（白）	10
君を愛する	アネモネ（赤）	11
あなたを待っています	アネモネ（青紫）	11
清らかな愛	カーネーション（オレンジ）	18
小さな恋人たち	カラスノエンドウ	24
一目惚れ	クサボケ	28
私のものになってください	クローバー（四つ葉）	33
初恋	サクラソウ	38
愛の告白	シャリンバイ	42
愛の絆	ストック	46
胸に灯をともす	ストロベリーキャンドル	46
愛の告白	チューリップ（赤）	50
愛の芽生え	チューリップ（ピンク）	50
不滅の愛	チューリップ（紫）	50
愛の喜び	ツツジ（赤）	52
初恋	ツツジ（白）	52
完全な愛	ツバキ	54
すべてを捧げます	ナズナ	56
私の愛を受けとめてください	ハナミズキ	60
悲しみを超えた愛	ヒヤシンス（紫）	63
変わらぬ愛	ヒヤシンス（青）	63
恋に酔う	フジ	66
真実の愛	ワスレナグサ	85
永遠の愛	キキョウ	113
ひたむきな愛	グラジオラス(ピンク)	120
情熱的な恋	グラジオラス（紫）	120
燃える想い	サルビア（赤）	125
燃える想い、情熱	ジャーマンアイリス	127
変わらぬ愛	シラン	130
変わらぬ愛、永遠の恋	センニチコウ	134
純愛	ナデシコ	149
夢の中の恋	ニゲラ	150
思慕	ネジバナ	151
愛、あなたを愛します、熱烈な恋	バラ（赤）	154
相思相愛	バラ（白）	154
あなたに恋しています	バラ（黄）	154
静かな愛	バラ（一重咲き）	154
あなただけを見つめます	ヒマワリ	159
情熱、あなたしか見えない	ブーゲンビリア	161
愛する力、熱中	ベニバナ	167
あなたを愛しています	キク（赤）	194
真実の愛、初恋	キンモクセイ	197
あなたを愛しています	コチョウラン（ピンク）	221
ひたむきな愛	サザンカ	224

感謝の思いを伝えたい

愛、感動	カーネーション（赤）	18
感謝の心、温かな愛情	カーネーション（ピンク）	18
親切	カスミソウ（白）	22
感激	カスミソウ（ピンク）	22
感謝	カンパニュラ	25
心が安らぐ、あなたと一緒なら苦痛がやわらぐ	ゲンゲ	35
やさしい人	ハハコグサ	61
感謝	ヒナゲシ（赤）	62

感謝	ヤグルマギク	77
感謝	レースフラワー	83
まごころ	アキレア	92
母のやさしさ	カタバミ	108
感謝の気持ち	ミズヒキ	211

友情を示したい

友人が多い	アオモジ	8
青春の喜び	アザレア(ピンク)	10
青春の希望	クリンソウ	32
真の友情	ゼラニウム	47
幼なじみ	ツルニチニチソウ	55
友情	ニリンソウ	58
仲間	フキ	65
友情	ミモザアカシア	72
友情、青春の思い出	ライラック	80
友情	キショウブ	114
青春の息吹	シレネ	131
生涯の友情、若い友情	ニチニチソウ	150
友情	ヤマボウシ	176

尊敬・信頼している気持ちを伝えたい

尊敬、信頼	ゼラニウム	47
崇高	ヤマブキ	78
信頼	アゲラタム	93
円満な人柄	アリウム	101
尊敬	サルビア(青)	125
尊敬	バラ(紫)	154
信頼	ブルーベリー	163

がんばっている人を応援したい

才能	アケビ	8
希望、期待	アネモネ(白)	11
元気を出して	アマドコロ	12
不屈の心	アリウム・コワニー	13
持続、未来への憧れ	アルストロメリア	14
才能	オーニソガラム	16
希望、前向き	ガーベラ	20
逆境に耐える	カモミール	23
光り輝く	キンポウゲ	28
栄光、名誉、勝利、輝ける未来	ゲッケイジュ	34
耐久、持続	サンシュユ	40
門出	スイートピー	43
希望	スズラン	44
成功	ヒナゲシ(黄)	62
どこでも成功を	ピンクッション	64
強運	アベリア	100
よい便り、希望	アヤメ	101
不屈の心	アリウム	101
器用、才能	ナデシコ(白)	149
名声、夢ある人生、栄光	ノウゼンカズラ	151
夢がかなう、神の祝福	バラ(青)	154
不屈の精神	サンキライ	200
忍耐	シュウメイギク	201
困難に打ち勝つ、克服、忍耐	ヤドリギ	239

許しを請いたい

許してください	チューリップ(白)	50
誤解を解きたい	ヘクソカズラ	166

幸せを願いたい

幸福の再来	マンサク	70
幸福	ヤグルマギク	77

幸せになる	ユキワリイチゲ	79
喜びを運ぶ、とても幸せ	クチナシ	119
永遠の幸福	グラスペディア	121
祝福	サンダーソニア	126
夢がかなう、神の祝福	バラ（青）	154
幸福な愛	ブルースター	163
いつも幸せ	ルピナス	181
福をなす、よい家庭	ナンテン	230
祝福	ハボタン	234
幸せを招く、永久の幸福	フクジュソウ	236
幸福な愛	スパルディア	237
祝福	ポインセチア	238
寿ぎ	マンリョウ	238

別れに際して贈りたい

忘れない	ハハコグサ	61
別れ、しばしの別れ	ミヤコワスレ	73
君を忘れない	バラ（斑）	154
君を忘れない、遠くの人を想う	シオン	201
また会う日を楽しみに	ネリネ	207
永遠	ホトトギス	211

美しさや魅力を讃えたい

輝くばかりの美しさ	アマリリス	12
まぶしいほどの魅力	キンポウゲ	28
優美な女性	サクラ	36
あふれ出る美しさ	スズラン	44
やさしさ	フジ	66
あどけなさ、多くの人に愛されてきました	フリージア	67
気立てのよさ	モモ	76
優美	ヤグルマギク	77

気品	ヤマブキ	78
晴れやかな魅力、魅力的	ラナンキュラス	81
乙女のしとやかさ	カラー	110
精神美、高潔	クレマチス	122
おしゃれ	ケイトウ	124
華麗、気品、優雅	ダリア	136
清々しい美しさ、優美	トルコギキョウ	148
上品	バラ（ピンク、紫）	154
美	バラ（黄）	154
風格、高貴	ボタン	170
媚態、美しき姿	ユウスゲ	177
純粋、威厳	ユリ	178
繊細、優美	ラベンダー	179
美人	オミナエシ	190
可憐	オンシジウム	191
優美な貴婦人	ノトレア	192
高貴、高尚、高潔	キク	194
野性的な美しさ、自然美	キバナコスモス	196

思い出を大切にしたい

小さな思い出	アマドコロ	12
初恋の思い出	イベリス	16
思い出	カラタチ	24
やさしい思い出	スイートピー	43
楽しい思い出	ツルニチニチソウ	55
美しい思い出	ミズバショウ	71
青春の思い出	ライラック	80
懐かしい関係	ツユクサ	139
懐かしい思い出	ソバ	203
やさしい思い出	フジバカマ	209

元気づけたい

元気を出して	アマドコロ	12

希望、前向き	ガーベラ	20
喜びの訪れ	カラスノエンドウ	24
あなたにほほえむ	サクラ（ヤマザクラ）	36
咲きたての笑顔	サフィニア	39
希望	スズラン	44
私を思い出して	ストロベリーキャンドル	46
希望	レンギョウ	84
よい便り、希望	アヤメ	101
光を求める	エリンジウム	104
輝く心	カタバミ	108
心の慰め	ツルコケモモ	140
いつも元気	ハナスベリヒユ	153
いつもご機嫌	クジャクソウ	197
活力、精力	ススキ	202
生命力、元気	セイタカアワダチソウ	202
新生、再生	ユーカリ	239

成功、繁栄を願いたい

富、豊作、繁栄	ムギ	73
天下無敵	モモ	76
名誉	ラナンキュラス	81
名声	リンゴ（花）	82
名声、夢ある人生、栄光	ノウゼンカズラ	151
実りのある人生	ブルーベリー	163
開運、大器晩成	ツルウメモドキ	205
富貴、富	センリョウ	229

贈るときに気をつけたい
ネガティブな花言葉を持つ花

見かけ倒し	クマガイソウ	29
私はあなたの愛を信じない	ゼラニウム（白）	47
別離	タンポポ	48
実らぬ恋	チューリップ（黄）	50
失意、悲嘆	ムスカリ	74
気難しさ	メギ	75
移り気、冷酷	アジサイ	96
恋にもだえる心、煩悩	アンスリウム	102
愚か	オダマキ	107
深い悲しみ	ギョウジャニンニク	115
危険な愛、用心、危険	キョウチクトウ	116
おしゃべり、おせっかい、出しゃばり	キンギョソウ	117
愚かしさ	ザクロ	124
いつわりの愛、落とし穴	シレネ	131
小さな背信	ツルバキア	142
人嫌い	ヘクソカズラ	166
私に触れないで	ホウセンカ	168
偽り、ごまかし	ホオズキ	169
嫉妬、悲しみ	マリーゴールド	174
虚栄心	ユリ（赤）	178
偽り	ユリ（黄）	178
傷つく心	ルリタマアザミ	182
破れた恋	キク（黄）	194
恋の終わり	チョコレートコスモス	204
嫉妬	トウガラシ	206
はにかみ屋	キルタンサス	221
嫉妬	シクラメン（赤）	225
内気、はにかみ	シクラメン（ピンク）	225
うぬぼれ、自己愛	スイセン	227
わがままな美人	デンファレ	229

花名索引 (50音順)

四季を問わず花名を50音順に並べています。
薄字は別名として紹介している花名です。

ア行

アイヌネギ	115
アイリス	101
アオイカズラ	161
アオギジ	8
アキザキクロッカス	200
アキザクラ	198
アキサンゴ	40
アキレア	92
アクイレギア	107
アクチノタス	210
アケビ	8
アケビカズラ	8
アケボノショウマ	98
アゲラタム	93
アサガオ	94
アサギズイセン	67
アザミ	9
アザレア	10
アジサイ	96
アシビ	10
アスター	98
アスチルベ	98
アストランティア	99
アズマギク	73
アセビ	10
アネモネ	11
アブラナ	57
アフリカセンボンヤリ	20
アベリア	100
アマドコロ	12
アマリリス	12
アメリカスノキ	163
アメリカハナシノブ	27
アメリカヤマボウシ	60
アヤメ	101
アラセイトウ	46
アリウム	101
アリウム・コワニー	13
アリウム・ネアポリタヌム	13
アルストロメリア	14
アワゴメバナ	190
アワバナ	190
アワモリソウ	98
アンスリウム	102
イエローアイリス	114
イエローボール	121
イカダカズラ	161
イキシア	15
イケミグサ	152
イシブキ	206
イシャゴロシ	26
イズイ	12
イチゲソウ	15
イチリンソウ	15
イトクリソウ	107
イベリス	16
イワツメクサ	102
イワハナビ	224
ウーリーベトニー	180
ウツギ	103
ウッコンソウ	50
ウノハナ	103
ウバコロシ	26
ウマゴヤシ	33
ウマノアシガタ	28
ウメ	218
ウラジロヒコダイ	182
ウラベニソウ	79
エキノプス	102
エゾギク	98
エゾネギ	138
エビスグサ	129
エリンジウム	104
オオアマナ	16
オーキッド・カクタス	118
オオセンボンヤリ	20
オーニソガラム	16
オオバツメクサ	102
オオハルシャギク	198
オオハンゴウソウ	106
オオヒエンソウ	144
オオベニウチワ	102
オオムラサキシキブ	106
オカトトキ	113
オキザリス	108
オキシペタルム	163
オキナグサ	17
オギョウ	61
オシロイバナ	107
オダマキ	107
オトギリソウ	158
オニノシコグサ	201
オニノメツキ	235
オバナ	202
オミナエシ	190

オミナメシ	190	
オランダカイウ	110	
オランダゲンゲ	33	
オランダショウブ	120	
オランダセキチク	18	
オランダツツジ	10	
オランダナ	234	
オランダレンゲ	46	
オレアンダー	116	
オンシジウム	191	

カ行

ガーデニア	119
カーネーション	18
ガーベラ	20
カオウ	170
カオヨグサ	129
カオリエンドウ	43
カガチ	169
カガリビバナ	225
カザグルマ	122
ガショウソウ	58
カスミソウ	22
カタカゴ	23
カタクリ	23
カタバミ	108
カッコウアザミ	93
カトレア	192
カトレヤ	192
カプシカム	206
ガマズミ	109
カミツレ	23
カメラウキウム	183
カモマイル	23
カモミール	23
カラー	110

カラウメ	240
カラスノエンドウ	24
カラタチ	24
カラボケ	68
カレンデュラ	27
カンイタドリ	160
カンチョウジ	237
ガンジツソウ	236
カンツバキ	220
カンナ	112
カンパニュラ	25
ギガンチウム	101
キキョウ	113
キク	194
キケマン	26
キコク	24
キショウブ	114
キスゲ	177
キバナアキザクラ	196
キバナコスモス	196
キフネギク	201
キミカゲソウ	44
キャンディータフト	16
ギョウジャニンニク	115
キョウチクトウ	116
キランソウ	26
ギリア	27
ギリアレプタンサ	27
キルタンサス	221
キンギョソウ	117
キンセンカ	27
キンポウゲ	28
キンモクセイ	197
ギンヨウアカシア	72
ギンヨウジュ	180
クササンゴ	229

クサボケ	28
クジャクアスター	197
クジャクサボテン	118
クジャクソウ	197
クチナシ	119
グビジンソウ	62
クマガイソウ	29
グラジオラス	120
グラスペディア	121
クランベリー	140
クリサンセマム・パルドーサム	232
クリスマスベル	126
クリスマスローズ	30
クリムソンクローバー	46
クリンソウ	32
クレノアイ	167
クレマチス	122
クローバー	33
グローリー・オブ・ザ・サン	82
クロツネソウ	150
クンイソウ	179
ケイトウ	124
ゲッケイジュ	34
ケマンソウ	35
ケマンボタン	35
ゲンゲ	35
ケンゴシ	94
コウオウソウ	174
コウセツラン	67
コウブンボク	218
コウボウソウ	26
コーラルベリー	238
ゴールデンスティック	121
コーンフラワー	77

ゴギョウ	61	
ゴクラクチョウカ	228	
コゴメバナ	79	
コシカ	161	
コスモス	198	
コゾクサ	73	
コチョウラン	221	
コットンツリー	222	
コトリトマラズ	75	
コノハナ	218	

サ行

サウビ	154
サクラ	36
サクラソウ	38
ザクロ	124
サザンカ	224
サツキ	125
サツキツツジ	125
サフィニア	39
サフラワー	167
サフラン	200
サラノキ	148
サルトリイバラ	200
サルビア	125
サンキライ	200
サンシキスミレ	235
サンシュユ	40
サンダーソニア	126
シオン	201
シクラメン	225
ジゴクノカマノフタ	26
シシガシラ	220
シチジュウソウ	32
シチヘンゲ	96
シトウ	66

シドミ	28
シバザクラ	41
シブキ	145
シモクレン	75
ジャーマンアイリス	127
シャーレイポピー	62
シャクナゲ	128
シャクヤク	129
ジャコウレンリソウ	43
シャスターデージー	172
ジャパニーズトードリリー	211
シャリンバイ	42
ジュウゴヤソウ	201
シュウボタン	201
シュウメイギク	201
ジュウヤク	145
シュッコンアスター	197
ショウカ	96
ショウジョウボク	238
ショウブスイセン	67
ショウマ	98
ショウガノキ	8
シラン	130
シレネ	131
シンビジューム	226
スイートピー	43
スイートベイ	34
スイシカイドウ	59
スイセン	226
スイフヨウ	152
スイモノグサ	135
スエツムハナ	167
スカーレットセージ	125
スカビオサ	132
ススキ	202
スズメノハカマ	108

スズメラン	191
スズラン	44
スズランスイセン	47
スターフラワー	69
スダレイバラ	175
ストック	46
ストレチア	228
ストレリチア	228
ストロベリーキャンドル	46
スナップドラゴン	117
スノーフレーク	47
スノーボール	157
スハマソウ	72
セイタカアキノキリンソウ	202
セイタカアワダチソウ	202
セイヨウアサツキ	138
セイヨウシャクナゲ	128
セイヨウツツジ	10
セイヨウテマリカンボク	157
セイヨウマツムシソウ	132
セキリュウ	124
セッコツボク	58
セッチュウカ	226
ゼラニウム	47
セロシア	124
センジュギク	174
センニチコウ	134
センニチソウ	134
センニチボウズ	134
センリョウ	229
ソバ	203
ソリダコアスター	135
ソリダスター	135

タ行

タイツリソウ	35

タイトウカ	54		ツルニチニチソウ	55		ナンテンショク	230
ダイヤモンドリリー	207		ツルバキア	142		ニオイテンジクアオイ	47
タズノキ	58		ツルモドキ	205		**ニゲラ**	150
タチカンツバキ	220		**ツワブキ**	206		ニシキユリ	63
タチシャリンバイ	42		**テイカカズラ**	143		ニチニチカ	150
タツナミソウ	135		ディディスカス	164		**ニチニチソウ**	150
タマザキヒメハナシノブ	27		テッセン	122		ニチリンソウ	159
ダリア	136		テマリバナ	96		ニホンサクラソウ	38
タンケイ	197		**デルフィニューム**	144		**ニリンソウ**	58
ダンゴバナ	213		テンガイバナ	208		ニワトコ	58
タンポポ	48		テンジクボタン	136		ヌカズキ	169
チェリー	36		デンドロビューム	229		ヌマスグリ	163
チドリソウ	156		**デンファレ**	229		ヌマスノキ	163
チャイブ	138		ドイツアヤメ	127		**ネジバナ**	151
チユ	213		**トウガラシ**	206		ネソ	70
チューリップ	50		トウショウブ	120		ネツコグサ	17
チョウシュンカ	27		トキワナズナ	16		**ネリネ**	207
チョウチンバナ	170		**トキワハゼ**	56		ノイバラ	152
チョコレートコスモス	204		ドクゼリモドキ	83		**ノウゼンカズラ**	151
チヨミグサ	194		**ドクダミ**	145		ノエンドウ	24
チリペッパー	206		**トケイソウ**	146		**ノースポール**	232
ツイタチソウ	236		トシコシグサ	73		ノコギリソウ	92
ツキクサ	139		トランペットフラワー	151		ノシュンギク	73
ツキヌキサイコ	162		**トルコギキョウ**	148		ノダフジ	66
ツツジ	52					**ノバラ**	152
ツツミグサ	48		**ナ**行			ノボリフジ	181
ツバキ	54		ナイトスターリリー	12			
ツマクレナイ	168		**ナズナ**	56		**ハ**行	
ツマベニ	168		ナツシロギク	173		ハギナ	212
ツメクサ	33		**ナツツバキ**	148		**ハス**	152
ツヤブキ	206		ナツハゼ	56		パッションフラワー	146
ツユクサ	139		**ナデシコ**	149		パッションフルーツ	146
ツリガネソウ	25		**ナノハナ**	57		ハナイチゲ	11
ツルウメモドキ	205		ナバナ	57		**ハナカイドウ**	59
ツルギキョウ	55		ナルシサス	226		ハナカンナ	112
ツルコケモモ	140		**ナンテン**	230		ハナキャベツ	234

253

ハナキンポウゲ	81	ビャクキュウ	130	ベニバナ	167		
ハナグルマ	20	ヒヤシンス	63	ベニバナオキナグサ	11		
ハナスベリヒユ	153	ヒャッカオウ	170	ベニバナツメクサ	46		
ハナツクバネウツギ	100	ヒルガオ	161	ヘビニンジン	26		
ハナツメクサ	41	ピンクッション	64	ヘビノボラズ	75		
ハナナ	57	ピンポウグサ	61	ヘレボラス	30		
ハナニラ	59	ファイヤーリリー	221	ヘレボルス	30		
ハナハシドイ	80	ファレノプシス	221	ペンペングサ	56		
ハナミズキ	60	フィーバーフュー	173	ポインセチア	238		
ハナモッコク	42	フウキグサ	170	ホウセンカ	168		
ハナモモ	76	ブーゲンビリア	161	ホウトウゲ	32		
ハハコグサ	61	フウリンソウ	25	ホオズキ	169		
パフィオペディラム	233	フォーオクロック	107	ポーチュラカ	153		
ハボタン	234	フォーゲットミーノット	85	ボケ	68		
バラ	154	フキ	65	ホシミグサ	194		
ハルコガネ	40	フクジュソウ	236	ホタルグサ	139		
ハルジオン	61	フゴセン	152	ホタルブクロ	170		
ハルツゲグサ	218	フサアカシア	72	ボタン	170		
バンコウカ	200	フジ	66	ボタンイチゲ	11		
パンジー	235	フジバカマ	209	ボタンナ	234		
ヒイラギ	235	ブタノマンジュウ	225	ホトトギス	211		
ヒエンソウ	156	ブッシュデージー	212	ホヤ	239		
ヒガンバナ	208	ブドウヒヤシンス	74	ホヨ	239		
ヒゴロモソウ	125	ブバルディア	237	ポリゴナム	160		
ヒデリグサ	172	ブプレウルム	162	ボリジ	69		
ビデンス・アトロサンギネア	204	フユキ	65	ホロカケソウ	29		
		フユシラズ	27	ホロビンソウ	172		
ヒナゲシ	62	フランネルフラワー	210				
ビバーナム	157	フリージア	67	**マ 行**			
ヒペリカム	158	ブルースター	163	マーガレット	172		
ヒマワリ	159	ブルーベリー	163	マガリバナ	16		
ヒメジョオン	160	ブルーレースフラワー	164	マサキノカズラ	143		
ヒメツバキ	224	ベイツリー	34	マスターウォート	99		
ヒメツルソバ	160	ヘクソカズラ	166	マツカサアザミ	104		
ヒメヒガンバナ	207	ベコノシタ	71	マツバボタン	172		
ヒメムラサキ	85	ベツレヘムノホシ	59	マトリカリア	173		

マユハキ		9
マリーゴールド		174
マンサク		70
マンジュギク		174
マンジュシャゲ		208
マンテマ		131
マンリョウ		238
ミズバショウ		71
ミズヒキ		211
ミズヒキソウ		211
ミズブキ		206
ミスミソウ		72
ミモザアカシア		72
ミヤコワスレ		73
ミヤマヨメナ		73
ムギ		73
ムスカリ		74
ムラサキハシドイ		80
ムレスズメラン		191
ムレナデシコ		22
メギ		75
モクセイカ		197
モクレン		75
モクレンゲ		75
モジズリ		151
モスオーキッド		221
モスフロックス		41
モッコウバラ		175
モモ		76
モモチドリ		26

ヤ行

ヤイトバナ		166
ヤグルマギク		77
ヤドリギ		239
ヤナギバヒメギク		160
ヤハズエンドウ		24
ヤブサザンカ		224
ヤブタチバナ		238
ヤブツバキ		54
ヤマグワ		176
ヤマトナデシコ		149
ヤマブキ		78
ヤマブリ		78
ヤマボウシ		176
ヤリズイセン		15
ヤロウ		92
ユーカリ		239
ユーカリノキ		239
ユウゲショウ		107
ユウスゲ		177
ユーストマ		148
ユーパトリューム		209
ユキヤナギ		79
ユキワリイチゲ		79
ユキワリソウ		72
ユテンソウ		211
ユリ		178
ユリオプスデージー		212
ユリズイセン		14
ヨウシュメ		109
ヨメナ		212

ラ行

ラークスパー		156
ライラック		80
ラナンキュラス		81
ラベンダー		179
ラムズイヤー		180
リコリス		208
リシアンサス		148
リューカデンドロン		180
リューココリネ		82
リューコスペルマム		64
リラ		80
リンゴ		82
ルドベキア		106
ルピナス		181
ルリイチゲ		79
ルリジシャ		69
ルリソウ		85
ルリタマアザミ		182
ルリトウワタ		163
ルリフタモジ		142
レウココリネ		82
レウコスペルマム		64
レースフラワー		83
レディーススリッパ		233
レンギョウ		84
レンギョウウツギ		84
レンゲソウ		35
レンテンローズ		31
ロウバイ		240
ロードデンドロン		128
ローリエ		34
ローレル		34

ワ行

ワスレナグサ		85
ワソバ		203
ワタチョロギ		180
ワタノキ		222
ワックスフラワー		183
ワレモコウ		213

著者 **二宮孝嗣**(孝治)　にのみや・こうじ　造園芸家

神奈川生まれ、名古屋育ち。静岡大学農学部園芸科を卒業後、千葉大学園芸学部大学院修了。ドイツ、イギリス、オランダ、ベルギー、バクダットなど世界各地で研修したのち、長野県飯田市に「セイセイ ナーセリー」を開園。宿根草、山野草、盆栽を栽培する傍ら、世界各地で庭園をデザイン。1996年にイギリスの「チェルシーフラワーショー」で日本人初のゴールドメダルを受賞、2008年にはオーストラリアの「メルボルンフラワーショー」、2010年にはニュージーランドの「エラズリーフラワーショー」でもゴールドメダル受賞(世界初)。現在は各国で開催されるフラワーショーの国際審査員も務めながら、国内外を問わず花の庭を製作中。ガーデンデザイナー、樹木医としても活躍している。

セイセイ ナーセリー
〒395-0151
長野県飯田市北方2632-37
TEL. 0265-25-4856
http://seiseinursery.com/

本書に関するお問い合わせは、書名・発行日・該当ページを明記の上、下記のいずれかの方法にてお送りください。電話でのお問い合わせはお受けしておりません。
・ナツメ社webサイトの問い合わせフォーム
　https://www.natsume.co.jp/contact
・FAX (03-3291-1305)
・郵送(下記、ナツメ出版企画株式会社宛て)
なお、回答までに日にちをいただく場合があります。正誤のお問い合わせ以外の書籍内容に関する解説・個別の相談は行っておりません。あらかじめご了承ください。

ナツメ社 Webサイト
https://www.natsume.co.jp
書籍の最新情報(正誤情報を含む)はナツメ社Webサイトをご覧ください。

美しい花言葉・花図鑑　彩りと物語を楽しむ

2015年11月6日　初版発行
2024年3月20日　第24刷発行

著　者　二宮孝嗣
発行者　田村正隆

©Ninomiya Koji,2015

発行所　株式会社ナツメ社
東京都千代田区神田神保町1-52 ナツメ社ビル1F(〒101-0051)
電話 03-3291-1257(代表)　FAX 03-3291-5761
振替 00130-1-58661

制　作　ナツメ出版企画株式会社
東京都千代田区神田神保町1-52 ナツメ社ビル3F(〒101-0051)
電話 03-3295-3921(代表)

印刷所　図書印刷株式会社

ISBN978-4-8163-5926-2　Printed in Japan

〈定価はカバーに表示してあります〉
〈乱丁・落丁本はお取り替えします〉
本書の一部または全部を著作権法で定められている範囲を超え、
ナツメ出版企画株式会社に無断で複写、複製、転載、データファイル化することを禁じます。